WHY FASHION MATTERS
FRANCES CORNER

路易十四
山本耀司
和38美元的
月工资

[英]弗朗西斯·康纳 著　姜海涛 译

前言 Introduction

时尚很有意思。对我们的社会、对我们的经济，甚至对我们每个人来说，时尚都很重要。没有哪个行业会比时尚更快地融合在我们的生活中。我们的衣着既讲述了我们的从前，也告诉了别人未来我们想要成为什么样的人。时尚是最直接、最私人的自我表达方式。

然而，尽管时尚的触角已经延伸到我们生活的方方面面，我们中的每一分子都视它为宠儿，但是我们却对它神秘的影响力和不可捉摸的创造力，始终一知半解。在这本小书里，我记下了平时零碎的、不成体系的 101 个思考，我希望能回答"为什么时尚是这么回事？""为什么时尚影响了全世界人民的生活和经济？"

时尚是个数十亿美元的大产业，它招募了大量的专业人员，比如设计师、制造商、服装工人、零售商、造型师、化妆师、珠宝商、新闻记者、摄影师和模特等等。时尚因此为全球上百万人提供了就业生计，建立了国家之间的商业联系。我们现在经常能看到，一件服装在这个国家设计却在另一个国家制造，然后出现在全世界各个国家的商场里。

正像其他产业一样，时尚产业也有"阴暗"的一面。饮食失调、伦理缺失、水资源的大量耗费，以及弱势的服装工人被过度剥削，这些都是我们不得不关注和解决的问题。我觉得消费者也不应该对此漠视，反而更要参与其中。我们应该毫无保留地感谢时尚带给我们的美丽、创造力和商业精神，但是时尚这个产业给我们带来的种种问题，我们也同样应该面对。时尚在所有各种各样的产业里是最具梦想、最能励志、最富动感的产业，时尚设计师犹如最伟大的艺术家，创造性和自发地推动着文化前进。新的服装样式和款型只要在T台上一亮相，很快就会在各大橱窗和衣柜上发现它们的踪影。无论你是不是愿意承认，我们所穿的，我们所搭配的，都不可避免地受着设计师特立独行和天马行空创造思维的影响。

总之，时尚就是自我装饰的艺术，是我们把自己向外部世界展现的视觉艺术。我们对时尚的理解和对服饰的选择，就是我们如何看待世界以及如何让世界看待我们的反映。史前文明的山洞人就戴过今天最流行的珠子，战后妇女们就已经青睐过迪奥（Dior）的化妆品，现在时尚专栏则记录下了最流行的街头时尚风格——不得不说，街头风格才是与人类的需求联系最紧密的个性表达。

时尚就是这样成为我们现实生活中的重要组成部分，原因何在？因为，时尚太重要了，你我都已离不开。

高级时装实验室

1 在出任伦敦时装学院院长之后的不久,我参加了一个非常特别的高级时装秀,这场时装秀也是我第一次应邀出席这样的活动,而且也是我印象最为深刻的一场时装秀,因为它太与众不同了。所有展出的高级服装都拜那些时装工作室无与伦比的技能所赐,全部都是手工缝纫制作,绝对是巧夺天工。

高级时装业兴盛于巴黎,这也使得巴黎成为名副其实的世界时尚之都。即使今天,"高级时装"这一品质仍然只能由十九世纪成立的法国高级时装协会来认证。许多人会把高级时装与在各种媒体上大肆宣传的成衣品牌混淆。事实上,高级时装的概念是苛刻和清晰的。一个时装厂商要想证明自己是家合格的高级时装制作者,它必须满足以下几个条件:首先,时装只为私人客户设计、定制;有着一个或更多的必不可少的试衣间;在巴黎必须开有一家至少雇佣了15名全职员工的工作室;每年的一月和七月在巴黎展出两套新的时装系列,每个系列都要有至少35个全套服装,每套系列既含能满足一年四季白天工作和生活需要的服装,也包括出席各种社交场合的晚礼服。

对大多数人来说,手工定制时装是与社会脱节、不贴近百姓生活、普罗大众并不关心的物品。但是我认为,作为时尚工业的重要组成部分,手工定制的高级时装需要保护,更值得保留,因为手工定制这一模式本身就保护了大量的传统手工技能，比如刺绣、珠饰、皮革装饰、宝石镶嵌等等。这样的技能在很多地方已经看不到了，巴黎作为时尚之都依然还能让这些精湛的、独特的艺术大放光彩。

在上世纪90年代，高级时装业临近穷途末路，因为没有足够的私人订制客户数量可以维持时装工作室的日常运营。幸运的是，随着俄罗斯、亚洲和中东地区财富的增长，高级时装业又焕发了青春。像乔治·阿玛尼（Giorgio Armani）和杜嘉班纳（Dolce & Gabbana）最近几年都在不断推出新款系列。高级时装协会也同意接纳了像昂哈图尤（On Aura Tout Vu）的利维娅和亚琛（Livia Stoianova & Yassen Samouilov）、理查蔡（Rad Hourani）、劳伦斯许（Laurence Xu）、迪迪特（Didit Hediprasetyo）这些国外品牌。我相信，这些品牌的加入必定会为法国传统的时尚工业注入新的活力。

总而言之，高级时装是服装艺术的全部精华。正如我的同事托尼·格伦维尔（Tony Glenville）向我介绍高级时装时所描述的那样："不要理会那些关于高级时装必将走向灭亡的谎言，这些挖苦的言论只能来自那些一叶障目的短视之人。高级时装是艺术和时尚的结合，是设计的实验室，许多在其他地方不可能实现的想法，在这里才会梦想成真。"

由回收塑料瓶引发的新模式

2 回收废旧塑料瓶,然后再循环利用,制成其他物品的创意,事实上不仅是从垃圾堆里"挽救塑料瓶短暂的生命"那么简单,这项创意还带给了我们无限的遐想空间,比如塑料瓶就可以制成我们的新衣裳。

塑料瓶的回收再利用,最后制成服装,不但切实可行,而且从制作成本来讲,要比使用传统的聚酯涤纶节省大量的能源。我听说,现在已经有许多服装制造商开始转而使用"绿色"、"环保"的原材料来代替以往的聚酯涤纶。不过,一谈到环境问题,事情往往会变得比较复杂。因为尽管从塑料瓶中再次提取和生产聚酯材料,比直接从原油材料提取和生产要更节省能源,但是如果同直接使用有机和天然纤维来比的话,却似乎又多耗费了资源。更为尴尬的是,通过溶化和挤压塑料生产出的纱线,将来就不能再次被循环利用。而且,塑料树脂的颜色是随着化学物质的黏稠度变化的,服装纱线要求的颜色往往强调基础性和一致性,因此,溶化废旧塑料生产服装纱线,在技术上也并非十全十美。另外,即使是有机和天然的纤维一旦和合成材料混合,那么这种混合物未来也无法再循环使用。

从以上这些方面来看,要想形成新的可让纱线无限循环利用的生产闭合回路,仍然任重道远。可喜的是,许多服装厂商已经不再使用不能降解和不可循环利用的混合材料,一些纺织工厂也在开发新的不含致癌成分锑的化学纤维材料，据说这种材料水溶性很好，不会破坏生态环境。总的来说，未来重大的研究主要集中在可生物降解和可循环利用的生物聚合材料的开发方面，我们期待这种生物聚合材料既有着传统纺织材料的诸多优质特性，同时也能改良原有材料的诸多弊端，最终还能保护我们的地球资源，确保资源的可持续开发。我们拭目以待吧！

是衣服选择了我们

3 在我最喜欢看的书中,有一本是柯林·麦克道尔(Colin McDowell)的《文学与时装》(*Literary Companion to Fashion*)。这本书横跨四百年,从英国本岛到爱尔兰,从欧洲到美洲,很好地介绍了穿戴服饰的仪式、惯例和所蕴含的意义,以及服饰在文学作品里人物塑造和情节叙述所"扮演"的作用。无论在什么时候重新翻起这本书,我都会再次引起共鸣,特别是书中提到的那些我所听过看过的故事、小说和剧目。从妇孺皆知的童话故事《小红帽》(*Little Red Riding Hood*)、《灰姑娘》(*Cinderella*)、《皇帝的新装》(*The Emperor's New Clothes*)、《小精灵和鞋匠》(*The Elves and the Shoemaker*),到像马塞尔·普鲁斯特(Marcel Proust)、多丽丝·莱辛(Doris Lessing)和简·里斯(Jean Rhys)这些经典作家的作品,服装与配饰在其中都起到了令人印象深刻的作用。而在这方面,最让我感动的一段文字则来自弗吉尼亚·伍芙(Virginia Wool)的《奥兰多》(*Orlando*)。在剧中,当主人公的性别一夜之间发生不可思议地变换时,服装在现实生活和人物性格所能彰显的意义得到了充分地展现和表达。

"这里有太多的证据来说明并不是我们选择了这些衣服,而是这些衣服选择了我们。好像是我们把这些衣服弄脏了,或者束之高阁甚至长了霉斑,其实是它们让霉斑长到了我们心里和大脑里。"

普拉达、飒拉和价格暴涨的秘密

4 我们知道,任何一种产业的发展必然会涉及非常多的领域,特别是这种产业还包含产品的设计和生产。在这种情况下,这样的产业其供应链也必然会牵涉许多工厂、许多承包商、许多分包商,甚至许多国家和地区。可能是时尚产业的复杂性使然,这项产业的利润上涨空间要比其他产业宽广得多。无论是普拉达(Prade),还是飒拉(Zara),这些现在炙手可热的时尚品牌,许多时尚人士的衣橱里想必都会挂有那么一两件。不管这些时尚品牌有多少拥趸,我们对挂着这些品牌标签的产品,无论是时装还是配饰的实际价值,都有了越来越清醒的认识:为这些不同品牌设计产品的设计师和销售商们,往往选择的都是同一个工厂,雇佣的都是同一拨工人,但是却将不同价格的标签贴在了这些大同小异的产品上;山寨和廉价商品的销售,不但使正宗产品的实际销售者深受其害,而且还让正宗商品的价格进一步远离了它的实际价值。我长期以来的希望是高定价的做法能让可怜的劳动工人得到应得的报酬,但是真实的情况却让我非常的失望。什么时候价格和价值之间的关系能在我们这个产业中再次得到真实反映?我不知道。

贫穷的非洲奢侈品市场

5 根据零售市场的表现以及消费者对奢侈品购买欲望的调查来看,非洲即将成为下一个亚洲。《国际先驱论坛报》(*International Herald Tribune*)关于2012年奢侈品大会的报告指出,无论是生产者还是终端消费者,非洲都有着巨大的消费潜力。全球经济增长最快的前十名的国家有七个在非洲,这些国家的居民在过去的十年里创造了每年超过4%的经济增长率。目前非洲有大概3.1亿的中产阶层,他们现在非常热衷于购买当地那些表现优异的市场品牌。根据《经济学家》(*The Economist*)智库的报告,到2030年非洲主要的18个国家其消费力合在一起将是1.3万亿美元。

综合来看整个非洲,许多国家对时尚产业和创意产业都抱有极大的兴趣,15岁到25岁的年轻人群表现得特别明显。这些年轻人对具有西方文化元素的时尚非常着迷,他们的消费能力和对时尚品牌的熟悉程度令人吃惊。飒拉(Zara)、耐克(Nike)、李维斯(Levi's)和盖璞(GAP)这些品牌都在非洲开设了自己的店铺,南非、肯尼亚、加纳以及尼日利亚都有他们的身影。杰尼亚(Ermenegildo Zegna)是第一个在非洲开设自己店铺的高端时尚品牌。

时装周已经在尼日利亚的拉各斯(Lagos)和加纳的阿克拉(Accra)开办,这大大带动了整个非洲时尚产业的发展。与此同时,设计师们的作品促进了当地时尚产业的发展,当地的设计师除了考虑当地的风格之外,也开始注重吸取西方文化时尚元素。传统手工艺仍然是当地设计师设计新品时主要考虑的要素,这种现象导致了非洲消费者在时装选择方面的依赖,也影响了其他国家的时尚爱好者对非洲时装评判的标准。显然,在未来的时间里,时尚与传统如何能更好地融合是创意产业最亟须解决的问题,这一问题既可能带来创意产业的无限可能,也有可能会导致这一产业出现冲突与紧张。

教育、经验和态度

6 2005年,我有幸成为伦敦时装学院的院长。伦敦时装学院成立于1906年,至今为止,这所学院一直都是时尚教育方面的翘楚。从担任院长以来,我把强调教育的重要性和教育的价值放在了我工作内容的首位,为此我投入了不少的精力。

所谓教育,我认为是给予学生充分的机会去尝试、验证、调查和体会的一系列过程,通过这些过程最终将体会升华到思想。教育的过程就像把矿石炼成金属。教育能够提高我们的自信,武装我们的技能,改善我们的生活,教会我们应对无法预料到的困难。对世界始终充满希望,并拥有不轻言放弃的信念,这是发挥人类创造力的制胜关键。许多年来,我一直都在尝试把这一"制胜关键"推广到我所有曾经工作过的教育机构,贯穿到我所有教授过的课程里面。创造的过程就好似一段旅程,我们身在其中,朝着心中的终点进发,沿途经历着身体的劳累和智慧的收获。创造的过程有着它独特的魅力,它事先不可预料,虽然有着既定的目标,可最终能否达到彼岸以及何时到达彼岸,始终像个谜团围绕在你我周围,有的时候随着创造的进程,预定的彼岸往往会变成中间一站。

获得成功的方法多种多样,我认为"灵活"是许多人并不重视的一种非常重要的方法和态度。灵活可以让人善于抓住机会。要知道许多时候机会的出现,我们甚至都没有意识。

我们看待事情的结果也应该灵活。有的时候，结果可能并不是我们所期望的，甚至远远低于我们的期待，但是因为"灵活"，我们可以"委曲求全"，但不应该"半途而废"，我们可以再次改变，做出更多的尝试和更大的努力。开放、灵活、好奇以及执着，是成功的创造者必须具有的心态，具有这些才能对任何事情产生兴趣，才能真正激发创造的灵感。约翰·凯奇（John Cage）在这方面的思想给了我很大的影响。约翰不仅是个艺术家、作曲家、象棋高手，还是一个种蘑菇的专家，无论什么时候你注意约翰，他总在富有创意地思考和设计他的生活。在艺术和教育这个领域里，经验和知识二者同等重要，缺一不可。还有西蒙尼·波伏娃（Simone de Beauvior）、弗里达·卡罗（Frida Kahlo）、朱莉娅·克莉斯蒂娃（Julia Kristeva），她们不断拓展我所关注的女性话题范围，不断让我突破原有的知识桎梏，激发我更新知识的动力。

7
疑惑

如果说艺术性都是"曾经的",
或是"暂时的",
那么服装的流行就真的是
"昙花一现"吗?

束身内衣与裙箍，肉毒杆菌与节食

8 翻开历史，在许多历史时期女性的穿着都受着非常严苛的约束和限制，而且通常是女性的地位越高，受的约束和限制就越多。在十八、十九世纪的欧洲，蕾丝花边的束身内衣十分风行。实际上，这种内衣所带来的塑身效果是以牺牲女性的正常发育为代价的，一些女性在穿上当时的束身内衣后都不能正常呼吸。在中国，直到二十世纪前叶，许多年轻女性还在沿袭着裹脚旧习。这种旧习使得女孩们很小就会遭受脚骨骨折变形的痛苦。当时，裹脚是显示女孩拥有高贵社会地位的象征。裹脚后的女孩双脚严重发育不良，已无法再从事劳动，也就是说，只有那些能雇佣起下人的大富人家的千金小姐才能"有幸"裹脚。

二十一世纪，社会开始对自由和个性越来越强调。这种社会风潮对服装的演变也带来了一定的影响。休闲服、紧身裤、莱卡装和运动衫，这些服装款式的出现都说明了许多过往限制的消失。但是，过犹不及。夸张的细高跟鞋和松糕鞋就是很典型的例子。过度的节食和运动都是时尚界司空见惯的错误做法。从穿着束身内衣、用布裹脚，到提着鲸鱼骨做成的衬裙裙箍，再加上现代的整容手术和注射肉毒杆菌，这些所谓的"努力"不但耗时费钱，其本质换来的不又是对时尚的约束和限制吗？

时尚的牺牲品

9 无论是奢侈大牌，还是大众品牌，许多时尚新衣都产自亚洲工厂。原因无他，只是因为亚洲的工厂可以为这些时尚品牌商提供更为廉价的劳动力，这样品牌商可以赚取更可观的利润。孟加拉国最低月工资只有38美元，该国家对劳动力健康和安全保障方面的法规也相对"宽松"，因此孟加拉国吸引了许多服装品牌的厂商和销售商在该国落户。据调查，孟加拉国从事服装制造的工人80%都是女性，她们长时间在并不符合安全生产规范的车间里工作，福利和待遇非常糟糕，而且这样的工作状况还不能得到社会的同情和可怜。根据2012年国际劳工人权论坛的报告，从1990年至今，已经有一千多名服装工人因为工厂对消防安全的忽视而在火灾中丧生。除此之外，受贿腐败也是服装制造领域里严重的问题，个别服装厂商甚至拿出10%的利润行贿孟加拉国的国会议员，让这些议员对普遍存在的违法犯罪问题视而不见。

2013年4月13日，孟加拉国首都达卡（Dhaka）郊外的一座名为"Rana Plaza"的18层服装工厂突然坍塌，一千一百多名工人当场死亡，超过2500名的工人受到了不同程度的伤害。全世界的媒体对此灾难给予了广泛和集中的报道，希望发起一场"净化服装制造"（Clean Clothes Campaign）的运动。全球服装产业联盟立即要求西方各国的服装品牌商和销售商共同签署一份"关于保障工厂消防和设施安全"的文件，马上改善孟加拉国服装工人的工作环境。在此事件发生后的三个月内，有超过七十家的服装品牌商和销售商，比如阿伯克比龙与菲奇（Abercrombie & Fitch）和普里马克（Primark），都签署了这份文件，但也有很多品牌商和销售商拒绝签署这份文件。事实证明"净化服装制造"运动和"关于保障工厂消防和设施安全"的文件都为提高当地工人的工作环境起了非常重要的作用。

不知道我们的服装厂商在公平对待工人、为她们提供安全的工作环境之前，像孟加拉国那样的悲剧还要发生几次。我知道，服装工业并不能为这样的悲剧负责，我们也不能在所有的消费者面前解释和说明什么，但即使这样，我们还是应该为服装工人做点什么。对大多数西方人来说，几毛钱只是身边多余的零钱，而对亚洲的服装工人来说，这几毛钱却是可以养家糊口、要用生命去换的工资。

巴黎时髦，伦敦流行，上海风尚

10 作为昔日最主要的时尚产业生产加工地的中国，如今摇身一变，已经成为全球最具活力和最有前景的时尚消费大国。2012年，中国超过美国，成为全世界最大的奢侈品消费国。这种变化得益于中国中产阶级的快速崛起，以及对西方文化认识和了解的加快。在过去的几年里，很多生产华丽商品的制造商计划将设计转换到素雅的格调上来，但是，更多的奢侈品制造商为了迎合中国顾客的品味，重新考虑了未来商品的开发和设计。无论我们中的谁如何努力地去满足顾客的需求，我认为将来顾客对品牌选择的趋势，必然是从主流的大众品牌转移到低调到"只有懂得的人入"的小众品牌。

从一向懂得韬光养晦的中国来看，这个巨人国家对生产已经没有太多兴趣，如今她已经将专注点放在时尚产业最顶端的链条——设计上了。我听说，中国最有名的经济学家厉无畏（Li Wuwei），也就是《创意改变中国》的作者，一直都在推动中国的经济向创意和设计为龙头的新经济形态迈进。作为中国政府的建言者，厉无畏列举了许多中国遗产式的老品牌厂商曾经是如何通过设计、包装和创新，进入高端商品领域的案例，比如1930年代上海的化妆品公司和上海醋厂。厉无畏对创意实践的结论是，"经过立体整合，将价值链最大化，将产品开发与顾客的文化需求相结合，并不断延伸品牌的衍生品"，"即使是中国的其他工业也都能通过对创意的学习和研究获得巨大的收获乃至成功"。

  尽管在时尚这条路上，中国还需要摸索很长一段时间。在设计和营销方面，中国的设计师和厂商们目前还没有获得国外同行们的一致认可，但是现在并不能代表未来。波司登（Bosideng）男装2013年登陆伦敦，在著名的时尚街——邦德街开设旗舰店，据说还将在纽约的第五大道开店，这些行动就是中国的时尚品牌向国外全面看齐的信号。我相信，在不远的将来，我们会看到更多更好的中国时尚品牌在世界各地大放异彩。

龟和兔

11 是"应该快"还是"应该慢",这是个问题。有些人选择做兔子,想快点,而有些人则情愿慢点,觉得乌龟也不错。这种"非此即彼"的问题在时尚界其实还有另一种选择。

一个选择是,使劲儿向前冲,直面市场,占尽先机,为大众客户设计出既能引领潮流、定价却又便宜的产品。这一做法是大众低端时尚产品的销售策略,有些类似快销品的市场操作。走此类路线的时尚商品,意味着每次时尚换季都很困难。相对应地,另一个选择是进入时尚产业里的"慢市场"——奢华高端的定制市场。这一市场强调的是品质,而非数量,强调的是传承,而非潮流。

而在低端和高端这两种选择之间,时尚产业里还存在着第三种商业模式,这种模式既不是快速地复制潮流产品,也不是提供高级的个性化商品,却在低端大众时尚和高端小众时尚的夹缝中生存着。我很好奇,这种模式能用什么动物来代表,渡渡鸟[①]吗?

[①] 渡渡鸟,是仅产于毛里求斯岛上的一种不会飞的大鸟,在被人类发现后的70年(或说80年)里便彻底灭绝。现被定为毛里求斯国鸟。在英语世界里,渡渡鸟通常用以比喻"过时"、"没有希望"的意思。

独裁者的消亡

12 纵观整个二十世纪，时尚已和媒体、社交完美地结合，单个设计师已经具备一定能力，可以自行定义和诠释"什么是时尚，什么称不上时尚"。香奈儿（Coco Chanel）、迪奥（Christian Dior）、玛莉官（Mary Quant）和圣罗兰（Yves Saint Laurent）就是其中的代表。他们在各自的品牌成长历程里，多次阐述和表达了对时尚的理解，他们所设计的服饰甚至从根本上改变了许多女士的穿戴风格。即使是在二十世纪的最后20年里，设计师们的独到眼光仍在产生很大的作用。三宅一生（Issey Miyake）关于布料的试验就对所有纺织品材料的使用产生了连锁反应式的影响；蒂埃里·穆勒（Thierry Mugler）开创性地将时装秀搬上了舞台，从此时尚与演艺有了"瓜葛"。

现在的形势又发生了变化。在我们相互依存越来越紧密的时代里，好像已经没有哪个人、哪个时尚之都，能有足够的影响力去决定整个社会的服装打扮。裙摆是下垂还是升高，不再因设计师的个人喜好来确定。纽约、伦敦、迪拜、东京现在都是与巴黎比肩的时尚之都。《服饰与美容》（*Vogue*）和《时尚芭莎》（*Bazaar*）都在和《另一本》（*AnOther Magazine*）与《爱》（*Love*）竞争读者，更不要说那些数也数不清的博客了。街头风格也在影响高级时装的款式，反之也亦然。

简单来说，时尚变得越来越多元，不再会囿于一种款式一个样式。放眼望去，拥有时尚灵感的男男女女用越来越小的成本，也越来越容易地攀上"风格"的金字塔。而且不仅如此，这些男男女女也在"贡献"和"分享"着"什么才是时尚，什么称不上时尚"。现在，时尚的定义就这样很好地传播着，我想在未来很长一段时间里会一直如此。

蓝粗棉布

13 牛仔裤最早是美国淘金时期淘金工人和伐木工人的工作制服。因为蓝粗棉布的耐用性非常好，所以大多数工人愿意购买牛仔裤当作工作时穿的工装裤。现在的牛仔裤已经演变成一种时尚风格，经常出现在各种时尚秀台和高端时尚的杂志上。一条好的牛仔裤"生命力"很强，除了拥有很好的耐用性之外，牛仔裤的接受人群也很广，老的少的，男的女的，胖的瘦的，很多人都喜欢。我们中的个别人群甚至会把牛仔裤当成是生活中非常熟悉的"老朋友"，彼此陪伴，一同度过生命中许多重要的美好时刻。

根据棉花公司（Cotton Inc.）2007年的调查，平均每位美国妇女拥有8.3条牛仔裤，而英国人在一年里共花了1.51亿元英镑买了8600万条牛仔裤。现在的牛仔裤已经有好多种颜色和数种不同的款型，价格也非常多元，从低到高不同档次皆而有之。总的来看，牛仔裤已经从最初的男士工装裤走出了一条颇具时尚风格的多彩之路。

然而，虽然牛仔裤已经是时装界的常青树，但是牛仔裤也是一个证明时尚产业有着"令人沮丧"一面的典型例子。牛仔裤的纺织原料来自棉花，而棉花的种植需要大面积的土地以及需要使用大量的化学杀虫剂，这破坏了当地土壤的性质。另外，蓝粗棉布的制作需要经过数次的染色过程，这一过程必然会耗费大量的水资源。举个李维斯（Levi's）501款型牛仔裤的例子来说，从纺织原料的种植到生产制作，最后如果再算上消费者购买后的日常洗涤，这条李维斯牛仔裤大概需要耗费3000升的净水资源。

自从上世纪80年代以来，许多设计师喜欢将牛仔裤设计成"做旧"的样式。在服装生产制作的过程中，做旧是需要通过喷砂的工艺完成的。而我们所不清楚的是，喷砂工艺往往会使得工人患上不可治愈的硅肺病。光在土耳其就有1200名登记在册的患有硅肺病的服装工人，许多当地医生都认为实际患病的人数要远远高于这个数字。患病事件直接导致了土耳其爆发抵制喷砂工艺的服装工人大游行。在孟加拉国有四千多家服装生产厂商，雇佣了当地近千名的服装工人专门生产牛仔裤。这些工人们每天都会在充满硅砂颗粒的空气里工作11个小时，赚取每个月38美元的工资。当地的平均生活开支大概在100美元左右。李维斯（Levi's）、H&M，还有C&A都已经动议禁止使用喷砂工艺做旧牛仔裤，范思哲（Versace）和古驰（Gucci）也一致呼吁，建议停止使用喷砂工艺。事实上，品牌厂商联盟的内部约定并没有太强的约束力。真正能够做到停止使用这种工艺的唯一方法，是让消费者自己动手去做旧新买来的牛仔裤。还记得我们最早使用过的浮石吗，试着自己来打磨吧。

复古的优势

14 已经被别人穿过的衣服,再次被兜售出来,这有什么意义呢?仅仅是为了销售二手货,还是为了怀旧抑或为了复古?循环利用废旧衣物,或者是重新在市场上销售这些衣服,从环境保护的角度来说,这是一个很棒的做法,有助于我们所依赖的环境的可持续发展。从时尚角度来说,复古的潮流或者说情怀其实也一直都有,许多时尚达人都会在自己衣柜里放上那么几件颇有怀旧风情的衣物。复古式的时尚已经占很大的市场份额了。在美国,每天有35吨的二手T恤需要整理分类,每年有8000吨的二手衣服会被销售掉。二手衣物重新打上品牌的烙印,再次进入销售市场,被当作复古产品受到时尚人士的欢迎和追捧,总的来说,是件好事,我希望这种趋势能一直持续下去,我对那些使用各种伎俩瓦解和诋毁这种趋势的人嗤之以鼻。我知道,这种循环再利用的做法从总量来说降低了我们这个产业的生产规模,但是我也知道,同样是在这个产业里,即使是破抹布,摇身一变,也可能成为某些人的摇钱树。

造梦

15 如果时尚只是某人或某些人向我们兜售的一个"梦",那么为什么我们还总是能感到它的美中不足或是因为某些残缺而带来的痛?难道时尚一直戴着尽力使我们变得更美丽的伪善面具,在不停发现和利用我们的不安全感,干着推广他们所谓"时尚梦"的勾当?

模特界的榜样

16 时尚产业好像已经被"年轻化"、"创意化"绑架,没有年轻的面孔、没有更新的元素,好像就称不上时尚。大部分的模特职业寿命都很短暂,几个时尚季之后,就会被新晋的年轻人替代。卡门·戴尔·奥莉菲斯(Carmen Dell Orefice)却是其中的不老女神。卡门18岁时对模特这一行就有了比较深的认识。她知道在这个日益求新求变的行业里,最为关键的一点是"认清自我,找准定位"。卡门认为,"时尚只是人们交流的一部分,让别人看到我们的样子,只是这种交流的开始。举个例子来说,人们不能仅仅通过一本书的封面,就去判定这本书的内涵。""每个人都羡慕别人,但都不会以此为动力。只有审慎地反省自己、认识自己,才能找出真实的差距,这才是真正的进步。"

对大多数人来说,卡门是位令人尊敬、能够鼓舞人心的传奇式人物。卡门在她职业发展的每个阶段都挑战了固有的传统和原来的边界。卡门很早就知道,她的外表能够传达出一幅软弱、贫穷和令人怜悯的童年景象。这是真实和自然的。因为卡门在她童年时,她的单身母亲不得不将她送到看护中心抚养,自己打工赚取微薄的收入,维持两人的日常生计。在卡门13岁那年,卡门开始为萨尔瓦多·达利(Salvador Dali)大师当起裸体模特,有了每小时12美元的工资。两年后,也就是1947年,卡门首次出现在《服饰与美容》(Vogue)的封面上。从此,卡门一发不可收拾,《服饰与美容》先后 5 次以她为封面人物，卡门成为时尚界著名的代言人，为欧文·佩恩（Irving Penn）、塞西尔·比顿（Cecil Beaton）、理查德·艾维顿（Richard Avedon）、霍斯特·P·霍斯特（Horst P Horst）、约翰·罗林斯（John Rawlings）当过肖像模特，最辉煌时她同时还是 14 个顶级化妆品牌的形象大使。

卡门在 1966 年，也就是她 35 岁的时候，宣布退出模特圈。但是她的退出相当短暂，很快她又卷土重来，开启了她职业生涯的第二个阶段。她不但继续与她以前长期共事过的摄影师合作，而且也受到了像尼克·奈特（Nick Knight）和哈姆莱特·牛顿（Hemlut Newton）等这样的新生一代摄影师的追捧。这个行业变化一直很快，模特不再是传统意义上的"衣架子"，模特开始有权选择摄影师，并有意识地呈现自己想要表达的世界。这也是卡门成功的最重要因素之一。这一点在卡门的整个职业发展过程中表现得淋漓尽致。卡门的每张照片无论是服装，还是摄影师的意图，卡门都能很好地予以结合，并完美地反映进胶片世界里。所以，卡门的照片表达和传递的远远不是那咔嚓一刻的景象。
卡门甚至还懂得走位、道具、灯光以及发型、化妆，还有服饰这些元素如何与自己的"脸蛋"搭配，以创造出最佳的照片。每次拍摄卡门都会由衷地表达谢意："我非常感谢摄影师的付出，我只是每张照片的一部分，我不是照片的全部。每张照片都是团队努力的结果。想想家庭、想想生活，我生活的目标只是比'不要去伤害别人'做得更好。如何做出一些好的成绩，我想是从微笑开始。每当你露出微笑，别人就知道你在乎他、尊重他,他们感到快乐,自然你也会感到快乐。"

活力意大利

17 根据 Elliott Morss 报道的 2008 年的数据来看，发达国家平均有 4% 的花销用在购买服装方面，唯一例外者是意大利。当然，意大利人在服装消费方面从来不会吝啬，这个国家的百姓花在服装方面的钱是其他发达国家的两倍，达到了 8%。与之对应，可用来参考的数字是发达国家的百姓在娱乐和文化方面的消费接近 10%，在餐饮住宿方面是 8%。美国的时尚服装有 20% 来自进口，另一大进口国则是中国，目前中国进口服装及纺织面料的比重已经接近 10%。相对比的是，意大利的服装和纺织面料进口总额只占 5% 左右。这个国家在此方面一直都是消费多进口少，意大利人在时尚方面永远都是钟爱"国货"，无论是设计还是制造。

服饰语言的借用

18 服装是我们内在自我的视觉表现形式,语言也是。我们日常所说的字词,现在都能体现出我们对时尚的重视,和时尚的发展反过来对我们人类的影响。

很久以前,我们在日常交流中所用的词汇很少来自服装和装饰方面,少有的类似词汇恐怕也只有"穿"和"脱"等个别简单的表意字眼,或者顶多还有"缝"、"制"等词汇。然而这么多年过去了,现在我们每天所能接触或使用的词汇中已经有很多来自于服装和装饰术语,比如"无缝"、"装甲"、"缝合"等等。可想而知,这些词汇对我们的生活造成了多么深刻的影响。

更长的使用寿命

19 如果我们将平常穿戴的衣服的使用寿命延长 9 个月,那么我们每年用在制作、洗涤和处理废旧衣物所产生的费用会节省下大约 80 亿美元。换句话说,这也就意味着衣物的平均寿命达到三年。碳、水和其他所有为了穿戴而导致的浪费都会因此而减少 20% 到 30%。9 个月,并不算多高的要求吧?!

男性，新女性？

20 在整个十八世纪的进程中，欧洲男性的穿着风格发生过几次翻天覆地式的变革。正如我们现在所知道的，穿着是表达个人思想、彰显自身社会地位的一种非常明显的方式。昔日男性的穿着与今天男士们的服装样式有着极大的不同，几百年来，男式高档服装在制作工艺、裁剪细节和用料配饰方面都变得比以前更为讲究。

受启蒙运动（The Enlightenment）思潮的影响，人们开始普遍反对和抵制铺张浮华的时装款式，对科学、教育等问题越来越关注，思考方式也更趋于理智，人们逐渐淡化和冷漠地对待诸如社会地位等虚荣的身外之物。在这样的社会背景下，炫阔的服装和饰品被世人抛弃，素雅、耐用而且合身的服饰走入千家万户，"男性大弃绝"[①]的时代就这样登上了历史舞台。

很多男性会像女性一样关心和注重时尚，有些男性甚至还会有过之而无不及。这些男性始终关注着男士时尚发展的最新动态，而且还不断尝试各种方式让自己参与到引领时尚发展的大军中。本·布鲁梅尔（Beau Brummell）就是其中最具代表性的一位。布鲁梅尔，这位当时英国摄政王子

---

① 男性大弃绝 the Great Male Renunciation，是十八世纪末发生的一个历史现象，在时尚发展史上被视作一个重要的历史拐点。著名的启蒙运动开始后，理性和务实的精神得到了弘扬。男子们开始不再佩戴珠宝首饰，不再穿着颜色靓丽惹眼的服装，而开始追求深色、朴素、实用，更符合其性别的装扮。服饰再也不像以前那样能够清晰地区分身份地位。甚至贵族们也普遍开始穿起了便于管理庄园的简化服装。

的好朋友，大约在 1790 年到 1800 年这段时间，成为了那个时代男士时尚的开拓者。布鲁梅尔倡导男士服装更加优雅精致，他非常在意服饰的裁剪和细节。在此之前的几个世纪，人们只会从斗篷的奢华程度来区分穿戴者身份的贵贱。布鲁梅尔因此成为最被人经常提及的纨绔子弟和时尚先锋。正像波德莱尔（Charles Baudelaire）写到的："与那些头脑简单的人的认知不同，时髦并不是过分地追求时装和只注重物质，在那些头脑简单的人的眼里看到的，其实只是浮华贵族和特权阶层的喜好而已。"真正热爱时尚的人士会用最简单的方式接近时尚，他们会把对时尚的理解反应在生活的方方面面，比如优雅的举手投足、令人愉悦的待人接物等等。

十九世纪和二十世纪前半段，男士时尚的重点是长裤、衬衫和夹克，裁缝们很少去考虑或尝试新的创新。十八世纪，燕尾服横空出世，当时很多人把这种新颖的款式定格为男装永久性的改变。我们可以理解当时人持有这种观点，因为男士服装确实演变很慢，而且燕尾设计也确实有了很大的突破。但是，历史证明，很快人们又被更新式的设计所吸引。就是在那个年代，其实已经有一些年轻的设计师萌发了大胆启用艳丽色彩的意识。最近一份来自贝恩公司（Bain & Company）的咨询报告证明了我的判断，报告中记载了那个年代男装的设计和销售情况。

以前，男子们想成为一名时尚先锋，主要是希望借助时尚来显示自己天马行空的思想和放荡不羁的个性。然而今天，时尚先锋的内涵要复杂得多。因为，我们处在了一个更开放、更多元的社会，政治、经济、文化等众多社会元素彼此交融，很难分割，对个人自由的表达也比以前更宽容、更支持，"粉红元①"、"抵制办公服运动"还有大量个人博客和时尚周活动的兴起，这些现象本质上都和现代男性的内在诉求息息相关。

---

① 粉红色是同性恋的象征。"粉红元"就是指符合男女同性恋、双性恋和跨性别者群体的口味和需求而产生和带动的经济。

未来的时尚

21 每当说起某个超前的创意或者发明,我们总会试着先去探究这种创意或者发明对我们目前的生活会产生什么"立竿见影"的影响。车轮、印刷术、因特网,当然还有不能不提及的智能手机,这些创意和发明"严重"改变了我们的生活方式。有时,这些创意或发明很快就会被我们接受;而有时,我们对一些创意和发明非常抵触,直到我们真正了解它们的价值所在。

写到这儿,你可能会问,以上内容和我们的日常穿戴有什么关系?这里的关系在于,时尚也在不断地"进化"。你可曾看见,我们日常穿戴的大部分服装、鞋帽和饰品,在过去的日子里都已经有了很大的变化。尽管时尚产业的"未来主义",只是在上世纪 60 年代才被人提及,但是纺织材料的革新实际上一直都在不断地进行。像皮尔·卡丹(Pierre Cardin)、安德烈·库雷热(Andre Courreges)、帕高(Paco Rabanne)等设计师,长期以来一直都是这个领域里的先行者。我认为,时尚产业将来最重大的创新,仍然会在材料这个领域里出现。展望未来,我们的挑战就是如何将技术进步和时尚美学更好地融合,使之成为我们以后生活倚赖的主要组成部分。

生态系统

22 我经常被一些来自国外的同行问到"如何发展本国的时尚产业和时尚教育"这类问题。要想回答好这个问题,必须首先搞清楚,哪些是时尚领域里的"积木块"(主要组成部分)。无论是对曾经的提问者,还是对未来的思考者,我的回答始终是"时尚需要一个生态系统"。

疑惑

23 如果有人说时尚是短暂和肤浅的,那么这些人又该如何看待和描述自己呢?就像衣服,我们本就应该像衣服一样"折旧"老去。实际上,"我们"又何尝不是"短暂"的呢?在历史的长河里,恐怕连"短暂"都谈不上吧!

购买的权力

24 我们经常被告知和劝阻——"不要再买了","不要再买这些穿了没多久就会扔掉的廉价衣服了"！我们为什么会被别人告知和劝阻？隐藏在这些带有"命令"口吻的背后，实际上是那些乐于劝阻我们的人认为，如果我们能有更多一点的自控能力，那么我们就会减少一点"喜新厌旧"的心态，我们就会减少一些"过度消费"的问题。但是，这如同让时光倒转，一点儿也不现实。

假如我们改变了消费习惯，接连的反应一定是巨大的。"几家欢喜几家愁。"许多贫困地区的百姓就是指望我们的消费来赚取生活费的，全球制衣产业大概雇佣了 260 万的工人，在许多地方制衣是当地唯一的地区经济和主要收入，在这些地方生活的老百姓只能靠制衣谋生。

依我之见，最大的问题并不是消费行为，而是随意地放弃消费的"权力"。最近几年全球在时尚产业的刺激性消费帮助下，服装销售量大幅增长。然而在英国，同时一次性购买三件以上服装的情况要比四年前多得多，但是平摊到每人的消费额却和四年前基本持平，也就是说，我们花了更少的钱却买到了更多的东西。这还意味着什么呢？意味着，我们浪费了更多的资源，剥削了产业工人更多的报酬。

制服诱惑

25 著名生物学家威尔森（E. O. Wilson）在他的著作《社会征服地球》（*the Social Conquest of Earth*）中提到："人类有先天聚集喜欢过群居生活的天性，而且会不惜任何代价竭尽所能地保护和促进群体的发展。"他还指出："我们经常关注的方向和寻找问题答案的来源，往往是人类的自私基因，但是很多时候我们更应该将注意力放在为何我们人类会有很多共有的、实质上是为了整个人类生存和发展的行为。"

从时装的角度来看，制服是最能表现我们这种生理天性的载体。我们本能地集群、融合，然后又很自然地像一个整体去开展工作，部落、社区以及现代常见的组织形式公司等等，都是在这样的天性下自然而然地形成的。制服也大概如此。现在，制服已经成为我们这个社会的"常规形式"，对军队、警察、学校来说，制服是必备之物，像职业装、运动装、酒吧套装等等也都承载了制服的一些社会功能。从某种程度上来说，我们中的所有人每当离开家门的时候，都穿着这样或那样的制服。因为，我们的穿着样式自然地表达出"我们来自哪里？""我们是谁？"等等这些可告知的信息。此外，区域的社会规范和一些约定俗成的文化也决定了"我们应该穿什么？"和"我们该怎么穿？"如果我们穿着不得体，那么我们就不能很好地获得别人以及集体的认同，小的来说可能就不会有好的职业生涯发展，大的来说甚至不能拥有很融洽的社会生活。因此，从一般工作到特殊场合，我们都应该遵照"惯例"，有针对性地穿衣打扮。

当然，我们中也有一些人总想颠覆旧有的习俗，挑战固有的传统。每一代人都有他们当年的"次文化"，都有他们"离经叛道"的时期。让我们不妨回忆下上世纪60年代的摩斯文化[1]、70年代末的朋克文化[2]，以及80年代再次回归的哥特文化[3]。每个历史时间段都会有特定的潮流产生，也必然会出现追求统一风格和流行相似款式的现象。回忆之后，我们也许会不免思索，这些次文化的产生到底留给了我们什么。

---

[1] 摩斯（Mods，全称是Modernism或者是Modism），起源于英国伦敦，后来迅速传播整个英国，成为当时英国时尚文化的一个重要分支。摩斯一族的主要标志，是一个蓝色的圆圈中间有一个红色的圆点，摩斯族的基本配备是装了许多面镜子的小型摩托，以及优雅得体并且线条简洁的西装。摩斯一族的出现以及特立独行的生活方式，被当时世人认作是不可理喻的，可以今天的观点来看，摩斯一族新锐的做派不仅值得载入史册，也值得时尚人士顶礼膜拜。

[2] 朋克（Punk），也被译为"庞克"，起源于二战后的英国，当时英国经济低迷、失业率高，人们生活比较压抑，极度需要宣泄的途径和渠道。因此，一部人开始通过音乐表达自身的情绪。在这种背景下，以朋克音乐为代表的文化随之产生。

[3] 哥特（Goths），是日耳曼民族的一个分支族群的名称。哥特人有着自己独特的文化传统。在欧洲基督教化的过程中，哥特人被认为是异教徒，哥特文化被认为是未开化的文化。1764年霍勒斯·渥波尔发表《奥托兰多城堡》（*The Castle of Otranto*）后，"哥特"这个词汇开始与黑暗、恐怖、病态等词汇连结在一起。在朋克文化衰落之后，哥特文化就这样自然地产生。

超出底线

26 在互联网已经普及、各种文化日益融合的今天，全球化的趋势已经势不可挡。这种趋势的产生和快速发展，让我们所有人都享受到了消费的快捷和容易，而我们也在新的购物环境中继续掌握着如何表达自我和展现自我的技能。在哪里买、为什么买、如何买，这些在传统购物环境中表达自我和展现自我的意识，在网络环境下依然通用，甚至我们的消费者可能比以前更热衷于如何通过消费来发现自我。时尚设计师应该特别注意这一点。今天的时尚产业远比昔日复杂，虽然竞争对手彼此之间已经是"你中有我、我中有你"，但相互博弈也比以前更为残酷，脱颖而出更是难上加难。从这点来说，设计师要想满足世俗而又挑剔的全球消费者，必须在美感上标新立异，抓取有鲜明个人特色的图形图像，否则必定淹没在无望的红海中。

好的是让消费者再次选择某个时尚品牌的产品的主动权，仍然掌握在设计师手里。优秀的设计师必须首先将自己的设计主张展现出来，然后配以完美的设计和良好的面料吸引消费者。与此同时，设计师最好能够考虑环境责任问题以及生产道德问题。

消费者对购买产品的期望值一直都在变化，所以整个产业的发展也在跟着变。物竞天择，适者生存，这也是市场竞争的准则。变化成为一种挑战，无法变化、跟不上变化都会令人气馁，甚至被无情淘汰。但即使如此，对设计师来说，无论是否能脱颖而出，守住底线是起码的道德，在竞争面前不断阐述自己的设计主张和设计底线永远是第一位的。

像斯特拉·麦卡托尼（Stella McCartney），她在任何情形下都坚持将自己的理念和对设计的理解贯穿到整个设计过程中，即使在生产环节她也从不妥协，她设计出来的服装永远都是那么漂亮，令人觉得称心如意。

纽约时装技术研究所的川村由仁夜（Yuniya Kawamura）教授曾经写道："时尚也许在一些人眼里被看做是这个世界上可有可无的东西，但我认为实际上并非如此，时尚对这个社会非常重要，并非微不足道。"那些懂得其中道理，并能将其中的奥妙融合到整个设计过程中的设计师，必将会对今后的生活产生重大的影响。

每周都是时尚周

27 每年全世界会举办超过二百多场的时尚周活动,举办时尚周的城市现在已不只是伦敦、米兰、巴黎和纽约,从悉尼到拉各斯,从孟买到上海,从里约热内卢到基辅,一些有创意且又充满动感的城市都在争办时尚周的活动,甚至有些国家会有两个城市在比拼争当地区时尚引领者的地位,比如中国和印度。

实际上,主流媒体也好,个人博客也罢,一直都有传统时尚周举办的模式即将消亡的声音。但实际上时尚周的活动数量却每年都有增加,而且更有趣的是时尚圈内的很多人士对此颇有微词,是因为参加如此多数量的活动就意味着一笔庞大的开销。我倒不认为时尚周活动的数量现在已经足够多,这么多的活动充分证明了时尚产业现在有多么得景气。

各大城市努力地争取举办时尚周活动,其目的就是为了"赚取城市文化上的声望和赞扬",这和举办一次举世瞩目的体育盛会一样。当然,这同时也可以满足我们真实的需求,让城市生活的魅力、欢乐得以展现和释放。从这个角度上来看,每个国家、每个富有朝气的城市都需要这份荣誉,也都需要因时尚而创造出来的这种机会。

时尚哲学

28 我曾经利用谷歌(Google)的搜索引擎对"哲学"和"时尚"这两个关键词进行组合搜索,那次谷歌显示出在"0.12秒"里搜索出6800万条结果。要想把所有的搜索结果都阅读一遍,估计得花上上千年的时间。我简单粗略地浏览了排名最靠前的一些链接,发现这些搜索结果都指向了同一个问题:作为个体的我们如何形成自己招牌式的穿衣风格,也就是说,如何建立个人的时尚哲学。

服装是我们建立个人时尚哲学的视觉工具。每天早晨我们都要对穿什么做出选择和决定,我们需要借助服装向社会表达"今天我是谁"。关于服装所拥有的这个社会功能,艺术史学家昆汀·贝尔(Quentin Bell)曾经写道:"对我们所有人来说,服装已经成为我们身体的一部分,所以我们在大部分时候都会忽视这样一个细节——衣服是我们的身体甚至是灵魂向外部延伸的需要。"服装与我们人类在情感和生理之间的关系问题,值得很多理论家和哲学家探究。理论家罗兰·巴特(Roland Barthes)在他的著作《时尚系统》(*Fashion System*)中提到:"服装关乎我们所有人,不仅关于我们所有人的身体,也关乎我们所有人与我们身体之间的关系,而且还关乎我们所有人的身体与我们的社会之间的关系。"巴特进一步强调道:"穿衣打扮是一个高度个性化的行为,选什么衣服以及怎么穿它反映了我们所属组织的价值观或者我们所渴望拥有的价值观。像'穿'这个最日常、最基本的动作,如果通过时尚的眼光来看,就还意味着'谦逊的体现'、'得体的装饰'以及'适宜的保护'。因此,这个简单的动作有着深奥的社会行为解释。"

所以,我们可以明白为什么会有那么多的人有兴趣培养和建立自己的时尚哲学,他们正是通过服装的样式和穿戴的方式向身边的朋友也好、陌生人也罢,传达着自己想要传达的信息。拥有个人的时尚哲学,就意味着会达到一种解放自我的境界,"不需要任何的阿谀奉承和追赶新潮","一切以舒适为主",皮裤、松糕鞋、无袖裙等等这些昙花一现的新潮事物绝对不会再成为打扰你对时尚选择和理解的障碍。

包庇

29 放眼全球，无论是在发达国家，还是在发展中国家，有一个话题总是永恒不变一直被讨论，而且还总是会引发争议。这个话题就是：女性该如何合适地穿衣服？埃及、印度、南非、墨西哥、美国、法国、英国，你走到哪里，哪里都曾讨论这个话题。

太暴露了？太紧身了？人类社会对外在事物的期望值，尽管会随地域文化的不同而不同，但无一例外的是，几乎所有的地域对女性的穿衣都有着令人沮丧的偏见和要求，即使是在所谓文化自由和多元开放的西方社会。

你会经常发现，我们的社会总会找出各种各样的理由对女性的穿衣方式指手画脚，甚至还会出现语言的奚落、肢体的侵犯以及异性的骚扰。2011年加拿大的多伦多就曾爆发过名为"荡妇游行"（SlutWalk）的运动，原因是该地一名警官发表了"女性应该不要穿得像一个荡妇，以免遭到性侵犯"的偏见言论。

我个人认为，我们的社会对待女性的穿衣问题，应该是包容，而不是想象式的偏见：有挑逗性的衣服并不意味着就是一种挑逗。服装给予了女性自我表达的权力和渠道，但是我们不能通过服装给"穿衣者是什么样的人"下准确的定义，更不能主观臆断"穿衣者想要什么"。当然，我们如何穿衣经常会影响到别人如何看待我们，这是不可避免的，但是"如何穿衣以及穿什么样的衣服"绝不是我们可被侵犯的理由和证据，永远不是。

风格的完美

30 "追求时尚",想必这已是地球村几乎所有村民深入人心的理念了。追求时尚的一个最大作用就是可以很好地让穿戴者展现自己,显示出自己的生活风格。可我一直在考虑,时尚究竟是怎么做到的?是靠服装?还是靠化妆?抑或是靠那些花里胡哨的饰品?

美国人类学家泰德·波尔希默斯(Ted Polhemus)给出了他的答案:"关于生活风格其实不必纠结太多,重点就是风格。在今天看来,时尚是非常重要和必不可少的一种可表达你风格的'语言'。无论你从哪个'超市'或'商店'里买时尚商品,你都在'别有用心'地使用这种'语言',表明'你是谁'"。

事实：关于水

31 时尚产业一直都是个耗费水资源的大户。在这个产业复杂的供应链中，每一步都会消耗大量的水资源。从纺织原料的种植到织布的生产与印染，从成衣的制作到商品的运输和上市，任何一个阶段都会出现水资源的使用。有人统计一件纯棉T恤"从种植开始到上架销售"，平均下来大概需要消耗2700升的水资源。我们可以想象一下，放在我们衣柜里的那些衣服，总共消耗掉了多少的水。这只是制造这些衣物，如果再加上洗涤呢？天知道还要耗费多少升的水，但我敢肯定地说，如果累加在一起几乎会变成天文数字。此外，让我再告诉诸位另外一个数字：这个世界平均每天会有500名儿童因为缺水而渴死。植物覆盖地的减少，水资源的稀缺，这些现象都在说明全世界干旱日益严重。显然，现在的时尚产业必须要好好检视下使用水资源的方式了。

分子层面的研究

32 我建议大家不妨花点时间通过另外的角度和途径来关注时尚和这个产业的发展,比如纺织材料分子的研究。美国康奈尔大学(Cornell University)的胡安·斯特罗扎(Juan Hinestroza)是第一位通过分子层面让我了解时尚的人。胡安教授目前在康奈尔大学的纺织材料纳米实验室工作。他告诉我:"在时尚设计师眼里,衣服是创意的杰作;在化学和材料科学家眼里,衣服就是一大堆分子堆砌和组合成的。实验室从事的是从功能着手,将创意和材料进行结合。"从这个角度来看,我们必须也得学会明白,我们制造了一大堆分子,然后我们穿戴它们,这就是未来时尚和科学(环保)相结合的发展趋势。

穿上还是脱下

33 "穿上还是脱下",这是个问题。当然,这完全是个私人问题,不值得他人费神关心,但是考虑到几乎所有人每天都在重复着早上穿晚上脱、出门穿回家脱这类事情,所以从这一点来看,"穿上还是脱下"这个问题倒也成了大众问题。一天下来,服装是与我们接触最近的物品了,甚至可以说是完全地亲密接触。我们从室内走到室外,往往会随手披件外衣,回到房间感到热了,往往又会脱件汗衫。我们曾经依赖服装,现在依然是。

今天的我们除了生理上对服装的依赖,在情感上也愈发依赖。从套上一件 T 恤到系上鞋带,这些平常到不能再平常的动作其实都在彰显我们的个性。还记得第一次用自己的钱为自己买衣服的那一刻吗?好好回忆下,在那一刻你其实就在有意识地"定义自己","我该穿什么样的衣服、什么样的裤子,该搭配什么样的鞋子"。选择服装这样的工作,我觉得不妨可以模仿下上古时代穿衣戴帽的仪式。无论是简单的捡拿,还是隆重的挑选,我们必须知道其内在意义是非常深刻的,这个过程是"我们认清自己,寻找自己的必经过程"。

衣服也重要

34 既然时尚重要,那么衣服理所当然得更加重要。在现代社会的今天,衣服的功能不只是不再让我们的身体裸露,免除外部环境对我们的侵害,衣服还具有了一定的"社会功能"。众所周知,当今社会在不恰当的环境下裸露身体已是一种禁忌。衣服赋予了我们能在一定程度上控制我们身边环境的能力。马克·吐温(Mark Twain)的一句讽刺语是对的,他说:"是衣服让我们成了人,那些还没懂得如何穿衣服的人对社会的影响必然是微乎其微的。"

时尚界关于"衣服是否重要"的答案来自两方面,既有生物学方面的答案,也有文化需求方面的答案。伯恩茅斯大学(Bournemouth University)生物考古学教授霍尔格(Holger Schutkowski)对此认为,这种区分生物学层面还是文化需求层面答案的做法没有任何意义:"人类的创造和对文化环境予以反应的能力是人类的本性,无论是基于生物学的考虑占先,还是文化需求更为重要,这些讨论最终一定是议而不决,因为这两方面是紧密结合、互相依附,不可分割的。"

童装的分界线

35 童装在时尚产业里所占的份额现在越来越大。据调查，2011年童装的市场规模已经接近100亿美元，这一快速增长的市场也引起了越来越多的设计师和其他从业者的涌入。原先时尚产业里最令人注意的两个传统市场，分别是T恤和夹克上衣。2011年这两个传统市场依然表现不俗，全球平均购买一件T恤的花费约为60美元，夹克上衣则为500美元，而购买童装的花费自1990年以来竟然增长了3倍。

随着时尚和流行文化越来越接轨，时尚的消费者也越来越低龄化。针对儿童的广告铺天盖地，让那些即使没有预算或者压根儿就没打算为孩子购买童装的家长倍感压力。连我这种时尚的热衷者在参加伦敦全球童装展时，都会不停地告诫自己不能头脑发热。因此，我一直都在思考如何能在这个如此商业化的世界里设置一条分界线，线的一边是没有过度利用孩子的好奇心和自尊心，同时又提供了制作精良而又物美价廉的童装，线的另一边则是肤浅的，完全是功利化的儿童衣裳。是不是这种想法过于天真？！

我之所以这样思考，是因为儿童远比我们成年人对这个世界更敏感。我们的广告极力在向孩子们兜售一个在我们成年人看来都非常不适宜的"梦想"。我们的时尚人士应该让我们的孩子正确地理解时尚，应该让我们的孩子明白流行的也好、朴素的也罢，这些不是为了贪图享受，而是生活中的"过程试验"，我们不应该向孩子们灌输什么,而是应该让他们自己去知道这是什么。这是孩子们的自由。

T恤世界

36 T恤现在已经成为时尚服饰中的"主菜",它就像衣橱里的"老黄牛",无论你是有衣服穿,还是没衣服穿,很多时候你都会选择穿上它。有人做过调查,据说70岁以下的人群的衣橱里一定会有至少两件T恤。

T恤最早是英国海军和美国海军的制服样式,它"穿"和"带"都非常方便,而且快干性也很好,因此深受军人们的喜爱。有意思地是,T恤的出现和流行竟然还加速了袜子的革新。袜子的生产其实比其他服饰在卫生和舒适方面要求更高。受T恤制造工艺的影响,袜子也使用了纯棉作为原料,这样一来新式袜子让军人们感到了更加舒适,而且减少了搔痒。再后来,就是革新过的袜子也和T恤一样从军队走进了千家万户。1941年"你不必去当兵就能拥有一件T恤"的口号,足以让你感受到T恤在服饰市场的魅力。

T恤作为一种服装样式,除了它的基本功能之外,其显示出来的文化个性是其他服装样式所没有的。T恤的文化个性我认为根植在两方面,一方面是T恤通常都会印有一些诸如口号之类的文字;另一方面是原本应该穿在里面的贴身T恤,现在都会被穿在了外面,也就是俗话说的"内衣外穿"。由于T恤这种个性已然成为了自由民主的象征,因此我们注意到,身穿T恤的消费人群极其广阔,老人、小孩、男的、女的,从"猫王"埃尔维斯·普雷斯利(Elvis Presley)、约翰·肯尼迪(John F. Kennedy)、碧姬·芭铎(Brigitte

Bardot)到凯瑟琳·哈姆尼特(Katharine Hamnett),总之,任何人、所有人都会穿过那么一件与众不同的T恤。1960年代,热传导技术和丝网印刷技术的发展进一步带动了T恤的文化。许多人热衷在T恤的前面或背面印上某些在娱乐文化中非常有代表性的图像,比如像"感恩而死(the Grateful Dead)"乐队的信息——无论是专辑的推广还是巡回演出,此外新电影的上映、慈善公益活动、音乐会、大学和公司的活动等等都会把T恤当作推广的好工具。不过坦率地讲,这些年来T恤正在失去一些它原有的优势,但即使是这样,T恤依然保留了它作为自由民主象征的文化意义,以及一件服装从它出现到演变成如今这种样式的时尚意义。

黑色的回归

37 尽管我们一致地认为，是许许多多的个人引领着颜色的流行，每个时装季都在不断地推陈出新，但我还是要老生常谈地讲一句："黑色永远占据着时尚的主流。"可能乍听下来，我的结论有些武断，但实际上这千真万确。绿色、深黄色、粉色、橙色，甚至深蓝色、灰色、白色和驼色，这些颜色时而出现，时而消失，唯有黑色始终没有被边缘和抛弃过。

黑色在许多社会的文化里都代表着"强而有力"。通常身穿一身儿黑色的人会被认为见多识广、有教养、懂得节制。不过，从历史文化角度来看，黑色又常常和魔鬼、死亡、色情和清教主义联系在一起。在过去，穿着黑色主要是吊唁者为心爱的人表达悲伤。类似的像诗人、牧师、艺术家和知识分子也往往喜欢身穿这种阴沉的颜色来显示自己彷徨和迷茫的内心世界。黑色在过去还意味着财富，因为印染出黑色在以前是件非常耗时耗力的工作。一直到了维多利亚时代，印染技术有了极大的发展，印染黑色的成本才下降了许多。

虽然有各种各样令人眼花缭乱的颜色，但是像唐纳·卡兰（Donna Karan）、伊夫·圣罗兰（Yves Saint Laurent）、山本耀司（Yohji Yamamoto）、川久保玲（Rei Kawakubo）、安·迪穆拉米斯特（Ann Demeulemeester）这样的设计者总是不停地回归到黑色系。香奈儿（Coco Chanel）和奥黛丽·赫本(Audrey Hepburn)都认为黑色代表了"永恒、经典","黑色非常吸人眼球,容易让别人注意到服装的材质、做工和样式"。关于黑色,我也想补充一点,黑色还非常容易衬托出穿戴者的身材,而且无论是走到哪里,搭配什么,黑色总是那么合适。

品牌的价值

38 为什么会有人愿意花这么多的钱购买那么一件简单的服装或者是一件非常不起眼的饰品？难道就是为了那个印有某品牌的标签？二十世纪法国著名的艺术家马塞尔·杜尚（Marcel Duchamp）比任何一位时尚评论者都更巧妙地回答了这个问题。1917年杜尚在一个小便斗上随意刻上了"R.Mutt"的名字，并把小便斗起名为"泉"，然后当作一件艺术品递交给了展览馆，很快这件"艺术品"被驳回。这一事件的过程被杜尚认为是验证了他的理论，即人们评估一件物品的价值并不是根据这件物品的功能，而是它的品牌标签。杜尚的理论在当时引起了很大的轰动，他的一些言论，像"生活的问题永远都是花的比赚的多"、"艺术要么剽窃要么革新"，同样对时尚产业有很多的启发。但是，为什么我们会认为品牌要比物品本身更重要呢？

我认为，时尚界和其他领域一样，在"权威性"和"识别性"这两方面，对产品的价值进行了"扭曲"的"比例分配"。所谓"权威性"是指标签背后的人或品牌；所谓"识别性"是指消费者理解的品牌内涵。当我们被告知某某产品是多么时尚和多么有"价值"时，我们就像进入了《皇帝的新装》里的童话世界，对那些"赞美之词"确信无疑。

男士高跟鞋

39 高跟鞋进入欧洲是 1599 年的事,当时是随着波斯外交使团传到欧洲的。在波斯,高跟鞋的发明初衷是为了让骑兵能平稳地踩着马镫打仗。有意思地是,高跟鞋传到欧洲后却迅速成了财富、权力和男子气概的象征。

穿着高跟鞋走在十七世纪欧洲的大街上,其实是非常不方便的,但是这绝对抵挡不住人们对虚荣的向往,因为在那个年代,只有穿上高跟鞋才能体现自己高贵的出身、拥有的财富和所占据的社会地位。在国王路易十四统治法兰西的时候,红色的高跟成为皇家服饰的象征,如果你有幸被允许脚踏红色高跟的鞋子,那么这充分说明了你正受着国王的宠爱,至于其他颜色,则仅仅是符号而已,没有任何的意义。

这个世界需要更多的温图尔

40 为什么时尚这个产业一直都在为女性创造机会、为女性满足期许,但到头来却鲜有女性"爬到这个产业的顶端"?在英国有 52% 的女性仍然从事着最基础的体力工作,在高级职务中只有 37% 的位置由女性担任。这一统计放在全球也同样适用。当然,相对其他产业来说,在时尚界女性担任高级职务的比例已经明显高于其他产业,而且我们已经拥有了像安娜·温图尔(Anna Wintour)、斯特拉·麦卡特尼、纳塔莉·马斯奈(Natalie Massenet)、简·谢珀德森(Jane Sheperdson),这样高级别位置的优秀女性,但我还是不得不强调,这一比例仍然不够高。

有迹象表明,这一状况正在改善。越来越多的服装厂商都调整了那些原本区别对待性别的不公正政策,让更多的女性担任了原来只可能是男性从事的岗位。同时,也有越来越多的女性在真正意义上对家庭规划和女性教育有了一定的主导权,反过来,这一变化对女性和儿童的发展与成长都有非常重要的帮助。许多女性为了平衡工作和家庭的关系,不得不牺牲个人的职业机会,屈从于公司的安排。我觉得,公司应该对此采取更加灵活和人性的安排,因为只有这样,未来的时尚产业才会拥有更平等、更多元的发展空间,也才会取得更大更好的商业成就,而且这无论对上游的企业,还是对终端客户,对所有人都有好处。

41
问题：暴露

我们穿衣服仅仅是为了遮盖皮肤吗？
时尚的意义又是什么呢？
难道时尚是为了让我们把已经遮盖好的皮肤再暴露出来？

不要成为又一个推广工具

42 什么叫做"流行"？不会是说，很时尚就是很流行吧？

2013年，我参加了上海国际时尚论坛。当时，我对有如此多的全球商人参会感到震惊，这些商人中有很多来自其他领域，从建筑设计到艺术策展，无所不有。各个领域的商人们都非常踊跃地尝试借助时尚将他们的作品，从一个简单的商品转化和包装成一个夺人眼球的奢侈品。时尚对他们来说，仅仅是一个营销推广的工具。他们只是利用时尚，重新设计和定位他们的商品，让他们的商品拥有更多的附加利润。如果任何一件事都是靠时尚驱动，每一个行业都想成为热门领域，那么这让"真正"的时尚"情何以堪"？我们必须知道，不可能所有商品都能成为热门流行的商品，这是商品物质本身的矛盾规律决定的，希望那些商人不再假以时尚，去推销那些与时尚没有任何关系的商品。

模式化的时尚形象

43 帕梅拉·丘奇·吉布森（Pamela Church Gibson）在她的大作《时尚和名流文化》（*Fashion and Celebrity Culture*）一书中，讨论了女性心中普遍向往的理想模样。吉布森一上来就区分了两种类型的"女神"模样：一种是面容棱角分明、体形苗条、身材高挑的T台模特；另一种是时尚迷恋者们普遍喜欢、符合"当代美感"却又比色情女星柔美一些的理想"女神"，这种类型的美女通常都是假发飘逸，挺胸厚唇，亮滑肌肤，同时还会拥有纤美的指甲。但无论是哪种类型的女神，都会随着时间的推移，渐渐走下"神坛"。我必须要指出的是，后面这种类型的"女神"形象，对女性的教育、职业和自信产生了潜在的危害性影响。因为，这种形象实际上在潜移默化地暗示着：性魅力是这个社会对女性价值的唯一评判标准。

一项来自美国的研究对比了白种人女性和黑种人女性在看待自己体态时的不同态度。研究表明，因为黑种人女性很少在大众媒体上见到自己这个种族"好的代表人物"以及"不好的代表人物"，因此她们要比白种人女性更积极乐观。显然，我们需要鼓励不同种族的女性都能展现自己的美。但是，我们也必须清楚地知道，不同的种族现在并没有被平等地对待，一些真正的"美"已经被人为地抹杀和破坏了。我们必须要正视和反击这一问题，希望那些"本来的美"能够再次出现在世人面前，让我们对"美"认识得更多、更透。

创意消费者

44 互联网和社交媒体的兴起，在不经意间竟然转换了设计者和消费者的关系。这种"不经意的转换"在今天看来是非常深刻的。加拿大哲学家麦克卢汉（Marshall McLuhan）在1960年代早期曾经说过的一句名言帮助了我对这种现象的理解。他说"车轮是人类的脚的延伸，书籍是眼睛的延伸，衣服是皮肤的延伸，电路是神经的延伸"，总之，一切媒介都是人类感官的延伸。麦克卢汉认为技术是为了改善人类能力而出现的观点，预示了互联网和即时通讯的出现。从这个观点出发，互联网就是人类大脑的延伸，这个"网"就好似神经的"高速路"，连接了全世界的彼此你我。

应该说，我们生活得恰逢其时：当我们想知道"这是什么"的时候，我们可以马上搜索了解；当我们发现有什么想拥有的时候，我们可以马上在线订购，第二天就会"梦想成真"。互联网改变的，不仅是我们获取知识、拥有商品的方式，而且还有设计者、零售者和消费者之间的互动关系。

时尚界很早就发现了这其中的奥秘，并很快抓住了这样的机会。2002年，山本耀司为尼克·奈特的影像工作室网站设计了一个图案，并授权所有人可免费下载使用，用来装扮服装或者搞成可佩戴的形象，但原图案的著作权仍归山本耀司所有，而大众们用这个图案来装饰的服装以及其他物品都归大众自己所有。另外一件事情可能离时尚稍微有些远，但绝对充满创意。2011年上映的电影《浮生一日》（*Life in a Day*）在制作时，面向大众发出号召，征集一个小时的真实生活的纪实录像，有意者可将录像发送给该影片的制作人和导演。让人万万没有想到的是，这个创意获得了空前的成功，有八万多段的生活片断录像被上传到 Youtube，远远超过了最初的期望。

生产者和消费者的分割线已经变得越来越模糊了。像《斥男》（*The Man Repeller*）和《嘉兰斯多尔》（*Garance Dore*）这些博主都推出了个人时尚品牌，现在还在不断地发展个人的崇拜者，而且这些博客除了销售广告位之外，还开始涉及零售和开发新的时尚品牌。在线商店使得大众订制成为可能，任何人都能参与设计和制作，整个产品可以完全地按照自己的期望完成，颜色、风格和尺寸等等这些设计实现起来都变得轻而易举。在这个崭新的经济环境里，究竟谁才是真正的设计者，谁才是真正的生产者，一切都变得不那么重要。谁能讲得清楚，谁又为了谁生产产品呢？我们现在只是深切地感知到，富有创意的消费者正在改变着整个时尚界，未来的时尚界将变成什么样子，我们拭目以待吧！

文胸也是时尚标签

45 许多西方国家的消费者习惯将他们淘汰的服装捐给慈善商店（charity shops），他们认为这样可以把这些服装再卖给想要的人们，或者可以送到不发达的国家和地区。这样做理所当然是一种慈善行为。从再利用角度来说，这样做非常环保；但是负面影响也非常大，因为这种做法非常不利于受捐地的地方经济发展。现在只有一些受捐地的贸易商通过销售这种捐献物资赢利，但是当地纺织和服装生产企业面对这种捐赠式的"竞争"却生存艰难。这也直接导致了拥有很好技能的当地劳动工人同样面临困境。

目前，已经有一部分慈善组织和非赢利组织在想方设法减小因为慈善捐赠而产生的对当地经济的影响，并争取使当地消费市场以及服装生产企业反而因此受益。一个非常有趣的案例就是乐施会[①]发起的捐赠文胸活动。

许多妇女都会承认，她们总有一些没有戴过或者戴过那么一两次就不太喜欢了的文胸在衣柜里被束之高阁。我们很少在慈善商店里看到文胸，因为绝大部分的妇女都认为没有人会对这种二手的内衣感兴趣。实际上这不是绝对的。二手文胸在非洲非常受欢迎，特别是在塞内加尔。

[①] 乐施会，英文名 Oxfam，是 1942 年在英国成立的一个慈善组织，成立之初是希望运送粮食给正被纳粹德国占领的希腊，后来逐渐发展成为一个具有国际影响力的国际救援组织，其办会目标是"助人自助，对抗贫穷"。1963 年乐施会在加拿大成立第一家海外分会，1976 年在我国香港成立分会，2005 年香港分会成立中国部。

设计和制造文胸是一件非常复杂的过程，如果没有最先进的生产技术设备，那么大量生产文胸也是非常困难的。而非洲大陆几乎就没有生产和制造文胸的服装企业。基于这样的原因，乐施会就把发达地区捐赠出来的文胸，运送到了非洲，这不但解决了当地妇女需要的问题，没有让当地生产经济陷入为难，而且还带动了当地经济的发展。当地一些熟练的纺织工人创造了一个全新的工业——二手文胸的升级改造，她们既要修改二手文胸的尺寸，同时也让来自异国的文胸更符合当地的审美。据说，塞内加尔的很多市场都会销售这种"升级改造"过的文胸，这种"升级改造"可以带来最多 50% 的利润。塞内加尔的妇女们非常热衷于购买这种二手文胸，除了更舒服，还有一个原因也很重要，那就是更时尚。从这一点来看，文胸也和服装一样，也需要不断地穿戴淘汰，文胸也是追求潮流的"时尚标签"。

有关时尚的技术发明

46 每当你检视自己的衣橱的时候,不知道有没有想过,什么东西可能是时尚在技术或者工艺方面最重要的发明? 通常,我们一谈到发明创造,就会很自觉地联想到计算机和电子仪器。但实际上,许多发明创造是非常简单的,它可能简单到是一种纽扣、一种挂钩,甚至是一个小挂袋。谈到有关时尚的发明创造,我们不能不谈到莱卡、缝纫机以及拉链。莱卡是杜邦(Dupont)公司在1954年将涤纶成功商业化开发的一种纺织材料;而缝纫机1842年在美国就获得了专利;1913年拉链面世,很快就被应用到服装领域并得到了进一步的改良。无论是哪一种发明,如果让你来选择,你会想到什么?

前排就座

47 在现代技术迅猛发展的今天,网络购物已经大大普及,即时通讯、社交媒体也都已经走进人们的日常生活,但我发现时尚的盛事——T台秀却仍占据着这个产业的中心。一场时尚T台秀也就几十分钟,如今的设计师和品牌商要比以前更加珍惜秀场时间,技术人员会想方设法利用各种资源和技术,比如推特、流媒体等等,让那些即使不能到场的消费者也有"前排就座"的现场感。捕捉后台的场景以及模特们在后台的谈笑风生,评论员和摄影师的工作场景报道,电视节目的讨论以及纸媒们的专题评论介绍,所有这些工作的焦点都是为了一场时尚T台秀。

在过去二十几年的时间里,时尚T台秀已经从纯粹的走秀,演变成多媒体多感应技术与表演艺术相互融合的表演秀。这其中的主要幕后推手当属亚历山大·博泰克(Alexander de Betak)。他已经先后为迪奥(Dior)和H&M等主要品牌商办过出色的时尚秀。在接受"时尚商业"(*Business of Fashion*)采访时,博泰克说:"今天交流的范围已经是全世界性的,我认为人们已经对重复和不变的事情感到厌烦,我知道消费者需要更个性化,更多视角。当然,品牌商也需要通过这样被更多人认识。所以,我尽量让更多的人感到惊喜。"

2013年,香奈儿(Channel)在老的、被炸毁的、有巴黎大皇宫大小的大剧院遗址举办了一场高级时尚秀,这场活动的创意引发了全球时尚界的好评。类似于这样的创意活动其实还有很多，但我更想强调的是，其无论形式如何演变，举办一场秀的目的却始终没有改变，这就是让消费者享受时尚带来的快感。对所有观众来说，"前排就座"的感觉的确很好。

白衬衫

48 如果说要在女人的衣橱里选出一件穿戴频次最高、无论在什么场合都算合适（也可退一步说应付）的服装，我认为恐怕非白衬衫莫属。一看到白衬衫，人们的印象总会停留在清爽、有活力、优秀等非常美好的层面。莎朗·斯通（Sharon Stone）曾经身穿一件白衬衫出席奥斯卡颁奖典礼，派蒂·史密斯（Patti Smith）在她专辑上的留影也是身穿一件白衬衫。穿一件白衬衫你可以搭配一条西裤参加商务会谈，也可以搭配一条牛仔裤出席音乐会，一切都是那么合适，一切都是那么自然，这就是白衬衫的魅力。

但盛名之下，其实难副。在白衬衫的魅力光环之下，我们很少去寻找我们为什么要为"白"埋单。人们对白色的联想就是素净、神圣和明亮，为了取得和加深这种印象，白色的纺织品在制造和生产过程中往往会使用二苯乙烯这种化合物。二苯乙烯是现代工业在造纸、洗涤剂和纺织品领域使用最广泛的化学合成物。二苯乙烯可以反光，用于纺织品生产后，可以让纺织品比以前更加明亮。但是二苯乙烯是有毒物质，它容易导致皮肤过敏，特别是在阳光暴晒的情况下，含有二苯乙烯的废水对鱼类和水生植物也都有害。

总而言之，一件熨烫平整的白衬衫的确是时尚达人们的完美选择，可这完美的背后也是以巨大的环境牺牲为代价换来的。

来自印度的倡议

49 2012年，我到印度的斋浦尔参加时尚技术学院国际联合会的年会。那一年会议的主题是"时尚无国界"（Fashion Beyond Borders），所有发言人和参会代表都被邀请讨论"时尚技术的作用"、"时尚产业的全球化与手工艺发展"、"全球化和技术的发展对传统教育带来的影响"等几个相关问题。在亚洲遗产基金会（Asia Heritage Foundation）主席拉杰夫·赛提（Rajeev Sethi）所作的主旨发言中，他提到"全世界必须要在技术发展速度不均衡的情况下寻找平衡"。作为一名颇有影响力的设计师，赛提告诉大家他现在最重要的工作是将时尚技术的发展与南亚当代传统手工制作艺术联系起来。印度是一个具有企业家精神和创业热情的国度，这个国家拥有很多值得传承的手工艺术和制作经验。现代技术的发展和全球化能让个人借助更先进的工具和方法接受良好的教育、获得更好的生活，传统手工艺就可以借助现代技术让更多的人了解和学习。所以，传统手工艺术不应该被现代化和全球化挤压，相反传统手工艺术应该从自我依赖的封闭模式过渡到独立经营的商业模式。可是，现实问题是精致的手工编织品怎么和现代机械工业生产出的廉价商品竞争呢？

于是，赛提游说众人一起发起帮助手工艺者的倡议。赛提在倡议中讲道："不能试图阻止技术的进步，也不要制止工业化，我们要做的是帮助传统手工艺者发挥创造和创新的积极性,让传统手工艺更加繁荣。"曼尼什·阿若拉(Manish Aurora)、亚伯拉罕和塔可(Abraham & Thakore)这些时尚设计师都非常完美地将传统印度艺术用于时尚,特别是饰品的设计。赛提进一步指出"西方化并不等于现代化",现代的印度如果能珍惜传统并将它发扬光大,那么未来一定会取得了不起的成功。

时尚签名

50 从某种意义上说,我们都是"不能绕开的童年"、"无法或缺的家庭"、"助力成长的教育"和"深受熏陶的文化"等等这些要素的"产物"。伦敦时装学院每年都会有来自全球一百多个国家的学生,在学院里分辨这些学生究竟来自哪里,是件非常令人着迷的事情。时尚设计专业的学生每年也都会动手设计属于自己的时尚签名。我觉得,最成功的签名,是将人生的个人经历和生活背景融入到设计的过程中,然后铸造出的独一无二的"声音"。

时尚与女权主义

51 多尔加·巴特利特(Djurdja Bartlett),是一位研究前苏联时尚史的专家。他曾经在他撰写的文章中提道:"1917年布尔什维克革命(Bolshevik Revolution)时,列宁最亲密的战友亚历山大·柯伦泰(Alexandra Kollontai)却遭到了同志们的冷落和排斥,原因是柯伦泰拥有比常人更漂亮的脸蛋、更时髦的服装和对待性更开放的态度。我一直都在思考,为什么'左派'会这样对待柯伦泰,为什么对时尚抱有如此大的敌意?"

实际上巴特利特思考的问题也一直在我的大脑中萦绕。因为在社会如此进步的今天,我们中的大多数人仍然对很多事情抱有偏见。只要和政治沾边,就不能对时尚表现出兴趣。

我是个狂热的时尚分子,但我也是个女权主义者。许多人可能认为,时尚是有趣的,但是"正常的逻辑"告诉他们:"女权主义是乏味的。"对我来说,时尚和政治并不冲突。政治、理性和时尚之间并不相互排斥,无论你的政治倾向是什么,你都应该享受时尚的乐趣。

一万亿美元的工业

52 时尚产业从国民经济角度来说,是一个非常重要的支撑性产业。如果将全世界各国的时尚产业合并统计起来的话,那么数字总和将超过一万亿美元。这个数字同时证明了时尚产业还是全世界排名第二的国际密集型贸易。

胡须的短暂一生

53 1933 年，艺术和行为艺术家戴维·麦克迪尔米德（David McDiarmid）撰写并发表了一篇名为《胡须的短暂一生》（*A Short History of Facial Hair*）的短文，同时还推出了一部由 35 毫米胶片拍摄而成的幻灯片。这部幻灯片生动地记录和展现了戴维 20 年现实生活的真实情况，比如他最早争做一名嬉皮士，后来又投身到"性开放的革命事业"，再后来一直在忙于倡导平等和正确对待非异性恋的活动。在这部片子中，戴维深刻地回顾了整个社会对同性恋问题态度的变化过程，"在不平常的年代里，我们的身份不停地被定义和认识：从'娘娘腔'到'同性恋'，从'同性恋'又到'酷儿'。"当然，戴维在片子中通过展示他对服装、发型还有胡须样式的选择，也从侧面讲述了他在这个性取向和政治价值观不断变化的年代里自己的故事。

如果说有一部优秀作品，能将艺术、政治、服装、配饰以及自己联系在一起，那么戴维·麦克迪尔米德的这篇文章和幻灯片无疑必是。

奢华的挑战

54 奢华，这个词汇现在几乎已经成为时尚界的专有词汇了。然而，从性质上来看，奢华和时尚之间的关系似乎有些格格不入。能够配得上奢华这个词的商品，一般来说，就是意味着制作不惜时间、外表美轮美奂、价值昂贵无比、数量极其稀少、追求恒世不变。时尚的内在要求却是不断变换，逐新厌旧，至于质量、价值以及数量根本就不重要。奢华和时尚看似这么不可调和的矛盾，在消费市场面前却融洽得一塌糊涂。贴有价格高出同类商品一大截标签的奢华商品，并没有吓倒和劝阻全球各地的富人们停止购买和更新他们衣柜里的服装和饰品。香奈儿（Channel）和哈罗德百货（Harrods）的每个消费狂欢季就像我参加的盖普（GAP）狂欢季一样，人山人海。奢华商品的品牌商非常清楚，大多数消费者不可能购买得起他们的天价商品，但他们更明确的是每一位消费者都有一个购买奢华品牌的"梦想"。

如今，已经有越来越多身处欧洲以外的熟练工人专门从事奢华商品的制作工作。消费者们期待着更多的奢华商品问世，他们急切地想知道何时、在哪里以及什么时候才能买到心仪的奢华商品。与此同时，奢华品牌的定义也在微妙地发生变化。2007年世界野生动物基金会曾经发布一个报告，报告中告诫时尚产业的奢华品牌"奢华的内涵已经在变化。在未来，所谓的奢华商品是对所有参与生产和消费（贸易)都能带来最佳利益的商品。消费者所认知的最佳利益就是对他们那一代来说不可或缺的体验和名望"。法国顶级奢华品牌爱马仕(Hermès)就是这种趋势的附和者和推动者。爱马仕在2013年工艺技术大展时将它的巴黎著名手工制作工作室搬到了伦敦萨奇美术馆(Saatchi Gallery),以便让参观者能够看到工匠们是如何制作漂亮的珠宝首饰的。有些人说,这是爱马仕和美术馆营销的噱头。是的,我也这样认为。但我希望这样的噱头越多越好,因为只有这样的展示才能让顶级工匠们的手艺得到传承。而且我坚信在不远的将来,消费者只会认可那些对社会和环境发展作出贡献的时尚品牌,即使是奢华品牌。

将心比心

55 当我们穿上新衣服的时候,从某种角度上说,我们就和这件衣服的生产工人建立了直接而又"亲密"的关系,尽管我们都会声称我们很愿意与他们"建立这种关系",可是这又能代表什么呢?我们不是仍然对制衣工人的生活条件和工作环境置若罔闻吗?

我们这么做是有一些借口的,比如"我们一直是这样买东西的"、"我们是因为东西好才买的"等等。1870年查尔斯·金斯利(Charles Kingsley)曾经写了一篇名为《廉价的衣服与肮脏的商业》的文章,他揭露了当时伦敦裁缝们悲惨的工作环境。当然现在伦敦裁缝们的工作环境得到了极大地改善,可是离岸工人们呢?

时尚是不应该不惜成本的。我们只在乎保护自己的肌肤,却从不考虑别人的生活。时尚界的人士应该将心比心,多考虑制衣工人的工作条件,让制衣工人也能获得同样幸福的生活。

手工艺、创造力和商业

56 时尚界的手工艺自十九世纪以来得到了极大的复兴。在巴黎,最有名望的时装工作室一直都将刺绣、串珠和其他手工工艺使用在高级时装的定制上。欧洲的普罗大众虽然无法消受这些高级定制货,但他们却很愿意对手工艺的传承贡献个人的能力。现在的消费者都很愿意了解和学习产品的生产过程,当他们同时面对机器生产的商品和手工制作的产品时,消费者往往会愿意支付更多的钱购买手工艺产品。

时尚产业已经意识到在互联网席卷世界的今天,需要重新建立设计师和消费者之间的关系。TopShop 就曾参与了加纳与全球母亲联合会(Global Mamas)合作发起的服装收集活动,以便让加纳当地的传统手工艺者维持正常的生活收入。南非的技术和商业创新教育共同体(TABEISA, Technical and Business Education Initiative)和两家英国教育机构一起联系了南非当地的服装生产商和英国的销售商,组织了一场名为"设计是为了更好生活"(Design 4 Life)的时尚设计比赛。

发达国家的手工艺者也在创意中获得更好的发展机会。比如 Etsy.com 这个全世界最具有生气的手工市场,让全世界的手工工匠和消费者直接在网站上交易。翻开人类发展的历史,手工可以说是代表人类智慧和文化的最典型例子。因纽特人(Inuit)的串珠、秘鲁人(Peruvian)的刺绣、非洲科特人（Afican Kente）的纺织、哈里斯人（Harris）的粗花呢、克什米尔人（Kashimiri）的披肩、日本人（Japanese）的丝绸都是优秀手工艺的代表。直到工业革命，服装依然由手工缝制。如今，我们对手工艺制造技术的关注是人类文明的一次重要回归，时尚与人类技能能够更好的融合，人类对"时装"也能负起更重要的"责任"。

美丽肌肤

57 在学校的生物课上我们学到了皮肤是人类最大的器官。皮肤的多层结构保护着人类的内层器官、肌肉以及骨骼，同时还担负着抵御病原体、病毒细菌等来自外部环境的恶性入侵。而我们日常很容易忽视皮肤的这种"好"，恐怕只有在穿过不合脚的鞋子磨出了水疱或者割伤、烧伤之后，才会想起皮肤的重要性。

皮肤通常也是人类定义"美"时考虑的重要因素。光鲜的、平滑的、没有褶皱的，这些词汇是我们平时夸奖好皮肤经常用到的褒义词。为了赢得这些词汇，无论年纪有多大，我们总是很有压力地去保养我们的皮肤。

如果你去问别人，什么对你的自信影响最大？皮肤一定会高居榜首，至少也会出现在列表的前面。我们都很清楚，当皮肤出现斑点、皮疹或者长满痘痘时，面对别人时自身的尴尬。皮肤还是人类心态的外在表现。陌生人评估一个人的魅力高低、身心健康与否，往往通过观察这个人的皮肤来获得。因此，全世界不同地区不同种族的男男女女，也往往会不惜代价美白自己的皮肤。这也是像肉毒杆菌毒素、漂白剂这些对人体有着巨大伤害的药剂的滥用，却没能引起人们足够重视的主要原因。

由宝洁公司（Proctor & Gamble）的皮肤保护专家保罗·马特（Paul Matts）所做的研究发现："人类视力的'实际逻辑'影响着我们如何看待别人。人类的视力主要依赖于'对比'。

这个对比产生于我们看到的世界与我们理解的世界之间。没有这种对比我们如同盲人。"也就是说，我们的视力从生理上讲习惯于注意"闪烁"、"皱纹"、"沟痕"。基于这个原因，再加上生物基因技术的进步以及大众媒体对"年轻"的渲染，整容产业自然也就随之兴起。

  皮肤的颜色和年龄并不能最终定义我们的"美"。要想保持皮肤的亮丽，并不需要医疗介入以及让"时间倒退"的技术。在生命的任何阶段，只要我们享有拥抱生活而非讥笑生活的心态，我们的身心、我们的皮肤自然就会拥有美丽。

试衣间

58 在过去的几十年里,任何一个产业最引人注目的变化几乎都是在线销售的兴起。图书、音乐、DVD、日用基础食材、白色家电这些商品占据了在线销售的绝大部分。即使不能直接接触这些商品,但在线销售的模式仍然受到了很多人的欢迎。时尚产业也不例外,况且时尚总是走在时代的前列。在时尚领域,大多数人都在关注和惊讶于在线销售的规模最近几年呈几何级增长的现实。而我则把焦点放在了"试衣间"。

试衣间这个连转身弯腰都令人感到十分局促的地方却总是人满为患,而且这个巴掌大的地方也是"最不会奉承人"的地方。因为,试穿的结果,不言而喻:不是让人顿时感到丧失自信,就是让人不可避免的沮丧,总之,结果总是让人觉得与"想象的完美"差距很大。

但我想说的是,如果你不是要买那种直接贴身穿着的服装,比如泳衣、体操服等,那么试衣间的试穿不管有多么地"毁人",其实还是很有帮助的。毕竟最终决定是否购买既不取决于销售人员忽冷忽热的态度,也不能依赖自己时而头脑发热的非理性态度。

我自己非常享受在商店里闲逛的感觉,这种感觉是在线浏览永远不能提供的。在现实中触摸服装,察知不同材料的质地,这种感觉非常美妙。然而,我也知道,现在已经有越来越多的店主对在线销售并不排斥,消费者们也避免了

"试衣间的受挫"。在线订购,在自己的房间里自由自在地试穿,何乐而不为呢?是的,如果真是这样,那么就让自己家成为试衣间吧!

杀鸡取卵

59 亚历山大·麦昆（Alexander McQueen）的自杀以及约翰·加利亚诺（John Galliano）的酗酒反犹言论，让时尚产业蒙上一丝阴影。如果再考虑长期以来时尚产业引发的环境问题和工人剥削问题，那么整个时尚产业其实一直都岌岌可危，每个在时尚领域里工作的人都能感受到某些潜在的压力。不管加利亚诺的案件多么特殊，我们必须明白现在的设计师要比以前承担越来越多的压力。传统上每年的时装周期只由两个高级时装系列构成，春夏系列和秋冬系列。一年两次的成衣展紧随其后，有时甚至会代替高级时装展。现在，许多高级时装品牌商甚至会推出四个全系列、两个季节过渡系列、一个季前系列、一个度假系列和一个副线产品，除了这些还有相应搭配的配饰和珠宝。在这样的商业环境下，设计师往往被要求和商业紧密结合。我对此很想指出，创意和商业即使结合也是"同床异梦"。

我读过两段关于创意和商业结合最有洞见的采访报道。第一个是时装品牌"像个男孩"（Comme des Garcons）的设计师川久保玲在接受《女装日报》（*Women's Wear Daily*）采访时说道："产生创造新事物的动机就是因为这个事物原先没有。我体会得越多，我设计得就越多，我创意得也会越难。但是一旦我设计成了，我就不想再做一遍，因为再创的空间已经非常狭小。"第二个是阿瑟丁·阿拉亚（Azzedine Alaia）面对"时尚商业"网站采访时谈道："我拒绝一切不可变的、固定死的安排和节奏。为什么我要牺牲我的创意(去适应这样的商业性安排)?不可变的时间安排,不适合时尚领域,是商业性的行为。人们可以雇佣劳动力去设计商品,生产想要的东西,然后不停地去销售。但是我想说,这和时尚无关!这是滥用设计的智慧和才能!"

我始终觉得,创意是需要"精心保护"的。要想获得好的创意,需要我们用心地培养、爱护,才能产生持续的创造性智慧,我们现在很多的做法,如果用一个贴近的比喻来说明的话,就是"杀鸡取卵"。

避而不谈的事实

60 时尚产业有一个一直避而不谈的问题,这个问题就是长期以来废旧衣服对我们的生存环境造成了严重的破坏。实际上,针对这个问题很早就有人提出过解决方案,但是方案并没有被有效地执行。消费者们对此也并不关心。通常一提到废旧衣物,我们的第一反应往往是慈善处理或转赠给亲戚朋友,进而实现"少生产,多利用,再循环"的环保目标,但我们的这种做法其实只是让这些衣物在其"一生的旅程中"多了一站而已,最终仍然要"入土为安"。

我始终认为,时装品牌商和零售商们在这个问题上必须要承担更多的责任和义务,我们的消费者也要作更多的贡献,并要监督品牌商和零售商们。消费者们首先应该要求品牌商和零售商们建立起一个方便回收和再销售废旧衣物的网络,这样就能实现废旧衣物的循环。网络点可以是原来销售衣物的商店,也可以是新建的设施。零售商们可以反过来要求生产商对回收的废旧衣物做循环再生产处理。所有的这些想法又都可以构成品牌商的营销方案。纺织材料的生物降解,从"摇篮到摇篮"的循环持续利用,这些能够形成闭环的创意,未来都可以大胆使用。我们已经有了很多想法,但是却一直没有被执行。这是为什么?答案就在我们消费者身上。

奢华品牌的销售之痛

61 即使是高端奢华品牌,为了生存和发展,也要迎合不同的消费群体。一般来说,消费群体主要是两类人群构成,一类是那些平时都以全价购买商品的消费者,还有一类是只会在打折时购买日常款式服装和简单配饰的客户。对奢华品牌来说,平衡这两种人群需要很复杂和经过全面考量的销售方案。如果售价(或折扣)太低,那么就会失去较多的营业收入;如果折扣太高,形同虚设,那么对品牌的声誉也不会带来好处,甚至可能产生负面侵蚀的危险。像路易威登(Louis Vuitton),为了保护自己的品牌形象,它从来不打折销售任何一款商品,如果消费者想要购买他们最有名的"老花"系列包袋,可能还要等很久才能到手。

英国著名奢华品牌巴宝利(Burberry)曾经在此方面吃过大亏。千禧年刚过的时候,巴宝利错误地将商品销售给了"不对路"的人群,虽然当时巴宝利的商品一时间非常流行,但是他们原先的高端客户几乎全部流失,同时市面上模仿他们的类似商品又大行其道,种种原因导致了巴宝利的销售额大幅下滑。后来,巴宝利通过拉高5%的出货折扣以及控制销售牌照发放,并将销售渠道减至最少,几经努力才峰回路转,到了2010年巴宝利重新回到一线品牌的阵营。

一般人都认为高端奢华品牌绝对不应该实行在线销售,这种模式对品牌建设风险极大。但是纳塔莉·马斯奈2000年创立的Net-A-Porter.Com却逆袭了这种理论,非常成功地帮助这些品牌实现了销售。奥斯卡·德拉伦塔（Osacar de la Renta）在许多年前也曾建立一个这样类似的网站，现在已经转型专门销售皮毛大衣和高档鸡尾酒宴会礼服。

严肃的西服套装

62 时尚一直都在"革命"。每个时装季出现的新款式、新风格、新趋势都可能成为未来进程的"大事件"。在日常生活里,时尚的进化脚步其实走得更快,几百年以来无论是那些颠覆性的设计,还是细致入微的改动,这样的进程彻底改变了我们的穿戴方式,并对后来的时尚发展造成了深刻的影响。比较典型的可能就是西服套装了。西服套装通常是由西服、衬衫和领带这三样一起组成。几个世纪以来,这三样各自都有着不同程度的变化,裁剪样式、纺织用料、色彩搭配等方面的体现最为明显。但无论怎样变化,西服套装所应表现的"气质与内涵",始终能够让人一眼识别到。

现在意义上的西服,据说是英国燕尾服的衍生品,而燕尾服则来自晨服(morning suit)。西服采用柔和色调、紧身样式以及纺织用料,似乎都有一些典故:像长裤借鉴了哥萨克族(Cossacks)早期军服的裤子款式;像上衣的下摆开叉考虑了早期骑马的需要;另外像衬衣保留可外翻的袖口,则是因为工作时要露出上臂方便卷衣服袖子。很多"典故"式的早期样式都依旧保留下来,与现在社会的文化没有丝毫的"违和",甚至让今天的西服看起来更为得体。衬衫是套装中最为基本的组成部分,据传衬衫最早的雏形是"有袖口和领子,前身开口的短袍"。衬衫演化至今,已经成为人们最喜欢穿着的一种服装,它既可以当作工作服,也是时尚潮人们的最爱。领带是西服套装的重要配饰,它随着服装样式的变化自身也发生了很大的改变。十七世纪后期，领巾逐渐取代了当时男士们喜爱装扮的蕾丝领口，再后来丝绸和亚麻等纺织材料做成的阔领带被人们接受，这也成了领带的早期主要样式。领带现在已经被人们认为是男士装扮和交际必备的饰品，在很多场合不戴领带是不礼貌的表现。现在，不同的人群，无论是艺术家、诗人还是其他职业者，在出入高档餐馆、酒店或者其他社交场合，普遍都会遵守这一时装方面约定俗成的礼仪。现在，衬衫、西服和领带这三样组成的套装，还在国际上被视作职业正装。因此，TopMan、J.Crew 和雨果·波士（Hugo Boss）这些品牌商以及像中国香港、泰国以及伦敦萨维尔街（Savile Row）的裁缝们都在努力制作最为精良的西服套装。

时尚与国民

63 对那些经常揶揄时尚重要性的人,我总是会情不自禁地问上一句:"如果服装(文化)是那么的不重要,或者成为你们口中稍纵即逝的东西,那么为什么服装往往会比国旗都更容易被人用来辨别所属国家呢?"

具体的抽象

64 如果让我来说明时尚的独特性和特殊性,我想我会着眼于时尚对我们生活的诸多影响。苏珊·恺撒(Susan B. Kaiser)和玛丽·琳·戴蒙豪斯特(Mary Lynn Damhorst)在她们的著作《布料和服装的关键连接》(*Critical Linkages in Textile and Clothing Subject Matter*)中是这样解释时尚的:"我们的工作与真实存在的社交世界紧密联系;我们的工作处理了人们之间的某些联系,当然更是将产品和生产建立了联系;我们的工作是持续不断地在抽象的概念和具体的形态中转换。"

将 shopping 进行到底

65 消费（shopping）已经成为我们生活中不可分割的一部分，对我们中的大多数人来说，许多人每天都会买点东西，甚至在很多时候，我们并不是要买点什么才会去消费，消费好像已经成为我们一种满心欢喜去享受的运动。我知道有很多人还会把外出逛街当作周末休息的一种习惯。

在《有思想的穿衣人》（*The Thoughtful Dresser*）一书中，琳达·甘特（Linda Grant）分析了工业革命的发生是如何改变了人们的消费行为和消费过程的。大众商品、铁路交通、城乡发展以及过于密集的工人群体出现，都加速了城市基础设施的建设，反过来这些基础设施比如百货公司，又都是大众商品集中消费的主要地方。

大约通过两百年的演进，消费已然成为我们不可能丢弃的行为和习惯。1987年美国概念艺术家芭芭拉·克鲁格（Babara Kruger）为纪念人类进入二十世纪，用"我买故我在"（I shop therefore I am）的形式，"重塑"了勒内·笛卡儿（Rene Decartes）所提出的"我思故我在"（I think therefore I am）。

最近几年，困扰金融业发展的暗流时常涌动，其主要原因我想还是人们对金钱、对回报的贪婪。这一情况不可避免地会影响到除了银行业之外的产业，甚至我们社会的方方面面。消费者有些时候竟然会完全相信零售商所灌输的消费理念，总会千方百计地寻找各种各样的理由把心仪的东西买回来,而且还振振有词地辩解"因为我值得拥有"。至此,我发现消费已经很可笑地成为解决一些问题的方法,至于买什么貌似并不重要。

  在十九世纪行将结束时,卡尔·马克思(Karl Marx)曾指出"宗教是人们的鸦片",而在我们这个日益世俗的世界里,我觉得用"消费"这两个字代替"宗教"也未尝不可。

引"发"为荣

66 在所有的文化里,无论是男性还是女性,人们对发式都有一定的要求,因为发式是展示自我的一个非常重要的方面。好像没有谁在翻看老照片时,不会对过去那些发式感到可笑。在许多文化里,人们甚至还会把胎发或者某个特定时间段的头发剪下,放到专门的发盒里,像珍藏珠宝一样保存,这样做的目的就是"视作留下了一生的痕迹"。有很多人在其人生的转折点,比如婚姻的聚散、职业的成败等重要时刻,会在发式上做些明显地改变。正如香奈儿曾经说的:"如果一个女人剪了短发,那么这就意味着她要改变生活。"

头发造型在时尚产业里占有重要的一席之地,成为一个分支产业。每个时尚周,发型与时装的关系都会成为该周讨论的一个话题。许多杂志和博客都会辟出专版讨论未来发型发式的流行方向和趋势。

想象一下绝代艳后玛丽亚·安托瓦内特(Marie Antonieete)那么多的假发吧。除了日常的理发修剪、染色、卷发、焗油,再加上对客户保证"没有使用任何有害成分"的有毒药水,这一切都是为了"让你的头发看起来更漂亮"。

事实上,这一产业的诸多方面是存有争议的,比如号称经常使用能使头发更柔顺的这些化学药水,实则不但会损毁皮肤,而且还会导致掉发。这一产业一直以来都在蒸蒸日上,根据 IBIS 的调查,仅在英国这一产业以及它的衍生品带来的销售，就形成了 7200 万到 9600 万英镑的经济规模，可是谁能想到其成本又是多少呢？其实，头发造型这一产业最好的商品就是人类的头发本身。这些头发商品通常都来自那些家庭贫困而不得不被家长要求剪掉长发用来卖钱的女孩们。写到这里，我不禁又要自问，难道真的只有牺牲一个女孩那数年形成的飘逸长发，才能成就另外一个女孩所谓漂亮的发型？

衣如其人

67 最近，我在伦敦时尚学院的一位同事开始要求他工作室的员工"解构"和"分析"他的穿戴，包括他的发型、衣服、鞋子、大衣以及像领扣这样的饰品。然后，他会把所有的结论都公开出来一起讨论，这些结论有关于分析他家庭背景的、有关于他学历教育的、有关于他兴趣爱好的，也有关于他饮食口味的，等等。这位同事甚至已经在学校的新生课程里进行这项"解构"和"分析"，他认为这样可以让学生们通过多种渠道和方法去了解每天所遇到的人，至少这种方法不同于从电影电视和广播杂志里学来的"陈词滥调"。

这种方式的确有些让人着迷，因为我们通过"解构"和"分析"别人的穿戴越多，就越惊异于我们猜中的比率。当然，猜不中的概率和风险也很大，误判的情形也很多，有些时候可能会"差之毫厘，谬以千里"。

就因为我同事所做的这件事，使得我现在越来越谨慎地选择服装、发型、搭配的饰品甚至所用的护肤品，因为我知道所有这些已经能够揭示出我的世界是什么样的了。从另一个角度来说，服装、发型、饰品等等这些东西已经成为我们的"代言人"，通过这些东西就可以和别人交流我们的外表，尽管我始终认为这些东西并不能真正地代表"自我"。我还是不得不强调，在这个全球化的世界里，也正因为如此，很多时候我们自以为是地认为透过这些就了解了对方，其实也有可能是陷入一种"故意"的欺骗。

巴伦夏卡谈设计师

68 寻找和发现设计师在其作品中所隐含的透视和表现的手法,是在创造过程中获取和启发时尚灵感的不二法门。让我们仔细回味下我最欣赏的设计师克里斯托尔·巴伦夏卡(Cristobal Balenciaga)的观点:"一位好的设计师,必须是一位为设计而生的建筑师,必须是一位为塑造而生的雕塑家,必须是一位为色彩而生的彩绘家,必须是一位为和谐而生的音乐家,还必须是一位为中庸而生的哲学家。"

媒体垄断下的美

69 时尚产业一直被认为是冲蚀和瓦解女人们自信的罪魁祸首。漫天铺地的广告、引人眼球的新闻摄影,还有婀娜多姿的猫步秀场,这些都是整个社会中那些身材修长、性感雪肌的少数年轻漂亮女孩的专利。事实上,这些女孩并不是因为她们的"漂亮"而获得了这些专利,而是因为时尚产业长久以来形成了那么一条潜规则式的、而且还游离于现实之外的评判美的标准,这些女孩恰巧符合了这个标准而已。有意思的是,时尚产业经常被指责"偷走了女人们喜爱自己的信心",却又反过来向女人们兜售那些价值不菲的时尚商品。这是不是一件很滑稽的事情?!

苏西·奥巴斯(Susie Orbach)在她1978年为反对节食而出版、名为《肥胖是女权主义者的问题》(*Fat is a Feminist Issue*)的一书中写道:"女性的特征必然会和人的形体有关,但是这个形体却不是真实的形体,而是'想象的形体'。为了这个'想象的形体',结果就出现了厌食症和贪食症,出现了害怕衰老而去化妆整容。"奥巴斯进一步认为,对自身长相和形体感到不满意甚至厌恶这种现象,纯粹是西方社会出口给全世界的,而且媒体上经常出现那些对女人天生感到厌烦的男人们所发表的言论,特别是关于美的言论,这些言论完全起到了推波助澜的作用。尽管主流媒体上所传播的观点是狭隘和有限的,但想不到的是,这种观点给几乎所有的女性非常大的压力,迫使女性忽视年龄、肤色和体质,却承认男人们所提倡的美的标准。最终的结果就是,我们蓦然发现,无论是男人,还是女人,我们中只有极少数才够得上"美的标准",而我们中的大多数对美都慢慢地丧失了原有的信心,广泛地变得越来越不自信。

自信的人总会表现出一副淡定的样子,知道该如何评估自身价值和权衡利弊,更会很从容地承认自身的不足与缺陷,接受哪怕自己就是一个无足轻重的小人物这样的社会现实。所以,自信的人会勇敢地面对挑战,自身有着非常强的学习能力。相反,不自信的人总是显得很脆弱,即使在"美不美"这个天天都会遇到的问题上,也会经常表现出不诚实,无法坦然面对。失望、无节制的饮食、整容,还有像注射肉毒杆菌,这一系列的表现都是典型的不自信。虽然传统时尚界对美的标准的解读几乎已成定规,但是我仍然感到有一丝曙光的存在,因为已经有人越来越强调"差异和不同"的重要性了。"天桥众生"(All Walks Beyond the Catwalk)就是一个这样的组织。这个组织 2009 年 5 月由顶尖模特艾琳·欧康娜(Erin O'Connor)、时尚评论员卡琳·富兰克林(Caryn Franklin)和时尚顾问黛博拉·博尼(Debra Bourne),这个"时尚铁三角"发起和创建的,意于倡导时尚界的多元化。正如欧康娜和富兰克林在这个组织的官网上所提到的:"我们热爱时尚,热爱时尚的方方面面。就像我们所设计和推销的服装样式一样,其实我们的美也是个体的,不应该受种族、高矮、胖瘦和年龄所限。"
大部分时尚圈内的人,都不会愿意冒险去从事有可能让自己"掉价"的事情。在这种背景下,"天桥众生"的出现鼓励了更多的人"主动走出来",特别是那些时尚界举足轻重的人物,一起倡议时尚界更多的变化。实际上,时尚本身就是一个强有力的工具。我们都知道,"人在衣装,马在鞍",一身完美的行头可以很好很快地提升穿衣人的自信和魅力。时尚界所有的人都应该切记,时尚具有能让所有人感觉自信和幸福的魔力。试想一下,如果我们每天翻开时尚杂志,看到的不再是千篇一律的美,而是多元的、积极的、能够让我们感动的美,那我们的感觉会有多么不同啊!

可生物降解的鞋子

70 欧内斯特·波多里（Ernest Bordoli）在他 1933 年出版的《鞋子的年代》(*Footwear down the Ages*)中专门写道："'在第一次世界大战期间，英国的靴子产量十分惊人，光是为军队就生产了 250 万军靴，整个制鞋业获得了极大的成就。'可是，当我写完这句话时，我不禁想到，究竟会有多少人能明白'产量十分惊人'的背后意味着什么？说个大概吧，250 万双军靴就意味着用掉了 1700 平方英尺（大概相当于 162 万平方米）的皮革，4000 吨的鞋底皮革，1150 吨用来连接鞋底和鞋跟的金属铁，还有 550 吨的穿线，7800 万个鞋带穿孔……为了满足这 250 万双军靴的订单，38 万头牛被宰杀。"

尽管时代发生了变化，但是像战争时期所出现的耗费大量资源制鞋的情况依然存在。普拉达（Prada）和周仰杰（Jimmy Choo）这样的高端品牌、奥尔多（Aldo）和 Office 这样的快时尚品牌，还有像耐克（Nike）和阿迪达斯（Adidas）这样的运动品牌，整个制鞋业每天都会消耗大量的自然资源。合成革现在已经替代了一大部分的真皮，但是细高跟仍然需要金属的镶嵌，鞋带、鞋帮甚至鞋子的穿孔这些鞋子的主要构件也仍然在消耗自然资源。二手鞋相比二手衣服来说，就不那么流行。更令人遗憾的是，因为鞋子的制作工序更为复杂，不得不使用了大量的化学黏合成分，所以鞋子也比衣服更难循环再利用。一些制鞋商正试图做些改变。比如耐克在1990年就曾启动了名为"ReUse a Shoe"的再利用项目，至今已经有2500万双的运动鞋用于建造人造草坪和体育场地。匡威（Converse）在2011年也加入了这个项目。彪马（Puma）的"Bring Me Back"计划也是类似的项目，这是一个"从摇篮到坟墓"（Cadle to Grave Certified）的官方认证，在2012年彪马还和斯特拉·麦卡托尼合作，一同发布了一个全部都由生物塑料制成的可生物降解的新鞋系列，这个系列中所有鞋子采用的生物塑料都取之于可再生原材料，因此整个鞋子几乎做到了百分之百的循环再利用。

事实：产品标准

71 时尚产业的供应链有三个基本的生产标准。第一是关于劳动者权利的常规保障系统；第二是道德化生产。供应链中的重要公司要参与并致力于制订行业标准，比如道德贸易（Ethical Trading Initiative），并不断改善工厂条件；第三是公平贸易（Fair Trade）。公平的贸易可以保证无论市场价格出现何种波动，劳动工人都可以获得与其工作相对应的生活收入。这就意味着，生活在贫困和贫困边缘的劳动者如果能够熟练掌握诸如手工编织或刺绣等生产技能，那么他们的产品销售依然有所保障，而对那些能获得更高收益的生产企业来说，他们则被要求必须将一定比例的利润投资到地方社区项目的建设中，例如学校、水利或者小额信贷计划。

文化足迹

72 现在一提到人类对外部环境造成的影响,许多人就会提到"碳足迹"这个词,而我想到的是"文化足迹"。文化足迹是什么?文化足迹就是文化输入和文化输出的总和,就是我们一直不断拓展的可以表达我们身份的个人文化和政治理想。在互联网背景下,我们的物理位置和周围地势好像已经变得无关紧要,文化足迹却一直占据着我们的生活空间,并对我们产生着影响。在时尚界,文化足迹永远都在发展之中。从里约热内卢到纽约,从巴黎到北京,从迪拜到墨尔本,每一个时装品牌商和零售商都在国际市场间游走。TopShop 进驻了纽约,耶格(Jaeger)进驻了迪拜,迈宝瑞(Melbourne)则来到了中国,这三个创始于英国的时装品牌如今都有了他们更广阔的文化足迹。此外,时尚媒体也都在进行着跨地域的文化传播,《服饰与美容》(*Vogve*)杂志已经先后在 20 个国家出版,《时尚芭莎》(*Harper's Bazaar*)已经有了 28 个不同国家的版本。

尽管我们现在可以走得更广更远,但是趋于平淡无奇且同质化的危险正不断增加。从整体来看,我们似乎更容易形成和传播我们的文化,但实际上我们却越来越容易失去我们的民族文化认同和个人文化风格。我们一直被鼓励,鼓励我们学会接受。可是,我们却也被鼓励学会了忘记,我们是否还记得我们服装上的文化元素都代表着什么文化涵义吗?

麦昆与英国范儿

73 亚历山大·麦昆（Alexander McQueen）是一个大师级人物，他擅于从英式传统中汲取灵感。他把精湛的设计和创新性思维与裁剪手工技艺糅合在一起，这让他的时装看起来更加时尚前卫，集英式的原始性与独特性于一身。麦昆走在新兴时尚概念的最前沿，并将英国带到了国际时尚的舞台。他去世前在巴黎设计的最后遗作，向人们展示了他的死亡对时装界来说是一个多么大的损失！

麦昆将英国时装形容为"自信和无畏"。他说："只有拒绝屈服于商业利益，这样才能产生源源不断的新想法，同时还可以借鉴英式传统。"英国时尚界追求创意，能够将创业性、创新性和特异性集于一体，从而创造出新式的艺术作品。英国设计师的这种做法不仅能为时装界创造出新的发展思路，还在创意和文化产业大放异彩。英国人有一种天生才能，知道如何在博物馆、建筑物和景观地貌中发现物质遗产，更会知道如何将遗产与当前文化相结合。英国从来就不是一个单一民族的国家，它会继续与新的移民互惠互利，移民中的有些人往往就会成为英国时装设计、发展和制作中不可或缺的杰出人才。

互联网与时装的季节性模式

74 时尚是充满矛盾的。作为个体,我们既想脱颖而出,又想融入大众。我们想要站在时尚的前沿,但又不想太超前。

我们的目标是变得时尚前卫,而不是成为为时尚所累的人。时尚产业的组织结构有些复杂。理论上,在设计一个时装系列的时候,每位设计师都会追求自己的设计理念,但实际上在世界各地不同的走秀T台上,每个季节都会出现相似的流行趋势。这种撞车式的同步行为是否是一种蜂巢效应?当设计师研究集体文化意识的时候,他们是否真的得到了"是的,花卉图案和皮革制品是这个季节的流行趋势"的一致性回应?这是一种可能性。现实中更大的可能性,是设计师们无意识的事后认同。这种现象出现的好处是在某种程度上可以限制"无限制的时尚潮流"。

因互联网技术的进步而出现的越来越多的且很"懂行"的国际消费者引发了进一步的矛盾。互联网技术让地域和季节与时装的设计和生产变得有些脱节,时装的设计、生产以及销售不再受地域和季节的限制。在网上,人们希望时装可以不断地发展演变,一年365天一天24小时不要间断。更重要的是,这是完全可以实现的。设计师、生产商和零售商之间现在紧密合作,时装产业正以前所未有的速度大量推出新的款式和风格。在世界范围内的各个地方,每天都有夏季和冬季,消费者可以随时随地购买任何样式的衣物。在这样的情况下,我不禁要问,时装产业的季节性模式还会存在吗?如果还会存在,为什么呢?还会存在多久?

时尚教育的乘风飞翔

75 来到伦敦时装学院深造的学生，个个热情饱满、雄心勃勃，而且见多识广。在过去的十年里，互联网开创了时尚的民主化进程，通过许多不同渠道让外界了解、参与甚至是重新塑造了时尚产业的发展进程。现在，我们可以在互联网上看到最新时装秀的现场直播，人们可以在手机上接收业内人士定期发布的推特，而且博主们的影响力已经与知名评论家旗鼓相当。任何人在可以访问互联网的任何地方都能通过前所未有的途径了解最新的时尚动态。

既然网络世界能够提供这么多的内容，那么为什么这些学生还要背井离乡，来到像伦敦时装学院这样的学校进行学习和培训呢？作为时尚领域的教育工作者，我觉得这与了解和学习时装的背景、群体和具体技能的必要性相关。专设的时装学位和文凭，无论学习重点是创新、实用、历史还是商业，都可以为学生提供他们在互联网和媒体上无法获得的信息。时装行业的评判性概述、最高标准的技术技能、与志同道合的同伴共同学习的环境，以及现场探索和讨论不同地区不同文化的国际视角和工作经验的机会，这些也都是无法在互联网上得到的。

时尚领域的教育工作者正处于了解最新技术的发展和变化对时尚产业的未来造成哪些影响的边缘。对此，我非常乐观，我们有时就会觉得我们正在建造一架飞机，准备驾它乘风飞翔。

76

问题：需求与欲望

你是否会常常说服你自己，
你需要一样东西？
但事实上，你想要得到它的原因，
只是因为它是当前最流行的。

如同艺术家的时装设计师

77 高级时装是一门艺术还是一项手艺，文化评论家对此常常意见不一。对我来说，这个问题的答案最终取决于设计师在创作过程中的动机和思维，但总的来说，虽然时装可以是艺术，多半时候它是一门手艺。

山本耀司是一位真正的艺术设计师。人们常常将他描述成设计师的设计师，但是我认为，就他工作的重要意义而言，这样的描述还远远不够：山本是一位刚好通过时装这个媒介来表达自我的艺术家。像所有伟大的艺术品一样，他的服装将许多不相关的概念融合在一起，然后将它们转化为灵感。

他追求时尚的思维与从事其他媒体工作的艺术家的思维相似。例如，扎哈·哈迪德（Zaha Hadid），她也从事应用艺术的工作。但是，与时装一样，建筑也充满着艺术潜力；建筑主要涉及体积、形状和工程设计。如果没有了这些特性，那么无论是建筑还是服装，都无法形成完整的概念或获得审美的完整性。再比如艺术家马克·罗斯科（Mark Rothko），他的块状色彩在山本无限的黑色色调中得以体现，设计师青睐黑色，因为黑色可以确保不触及与衣服相关的并非初衷的原意或情感。塞缪尔·贝克特（Samuel Beckett）之所以提倡极简主义，是因为他对传统惯例深恶痛绝，山本也是以相似的方式对既定的时装风格提出质疑，过滤掉所有不必要的元素和装饰，能够集中注意力，仔细考虑服装如何表明我们的性别、体形和个性。山本的设计具有超越时装以外的能力,总是能将我们对衣服的想法推向我们的认知边缘。1989年,德国电影导演维姆·文德斯(Wim Wenders)为山本耀司拍摄了一部纪录片《城市时装速记》(*Notebook on Cities and Clothes*)。文德斯对山本的设计有着更深入的认识,文德斯说:"衣服是新的,但是当你穿上山本设计的服装的时候,你就感觉像是穿了很多年,它们就像你的第二层皮肤。"在首次登上时装秀T台后的五年或十年,山本所设计的服装看起来仍然很流行。

> 山本设计的服装是没有国别限制的。但是毫无疑问,在对西方服饰的传统风格进行独到的解构方面,和对女性形体进行男性化剪裁的方面,山本的表现显示出日本传统起到了不可或缺的作用。从一开始,他工作的核心内容就是面料,他与日本的小规模工艺纺织品生产者紧密合作。他所设计的每个服装系列都承载着他对纺织品的直观了解:纺织品能够赋予衣服形体,为脆弱的设计结构注入力量,并塑造穿着者的身材。正如山本本人所说,技术排在第二位。山本会从美丽的事物中获得灵感,然后再追求形状或体积的欣赏价值,最后才会确定如何搭配面料以及是否使用暗线或褶边。

山本认为,完美是令人厌恶的,它是促进创造力和原创性的伤疤,就像在牡蛎的磨砺之下,一颗砂粒最后才会变成一颗珍珠。山本总结过他的创作动机:"我一直渴望创造的、我所信奉的、我毕生追求的是飘浮在薄雾背后的虚无缥缈之物。只有通过人类得天独厚的、令人惊叹的鉴赏力才能感知到这种神秘的事物,无法用语言加以形容,所以只能将它称为一种无形的有价之物。"

时尚与死亡的亲切对话

78 在《时尚与死亡之间的对话》(*A Dialogue between Fashion and Death*)一文中,诗人兼哲学家贾科莫·莱奥帕尔迪(Giacomo Leopardi)想象了一次讨论,"时尚对死亡说,我们是如此的相似,我们可能是姐妹","我们的本性和习惯就是不断地改造世界","我驱使和强迫所有上流社会的男士每天承受无尽的艰辛与困苦,而且还要经常忍受疼痛和折磨,有时,我们会让他们中的一些人因为爱我而光荣地死去。"莱奥帕尔迪于 1837 年去世,他的去世让当时具有风格意识的人感到特别的痛苦与不安。我有时也会坐在时装展的 T 台之下为一些完全不实用的衣服和鞋子挥舞手臂,欢呼雀跃。读着莱奥帕尔迪当年写下的话语,我感受到了他对时尚的喜爱,在心灵深处,我与莱奥帕尔迪是那么的亲和。

风格就是个性

79 戴安娜·弗里兰（Diana Vreeland）、香奈儿、温莎公爵夫人（the Duchess of Windsor）、凯特·布兰切特（Cate Blanchett）、夏洛特·汉普林（Charlotte Rampling）、蒂尔达·斯文顿（Tilda Swinton），这些女性都有着强烈的个人风格，她们的风格使她们与单纯的时尚区别开来。

风格就是个性：它以一种醒目的姿态向别人述说着你的个性，而不是衣服的个性；它大胆地将时间、品牌和设计师融为一体，然后创造出别具一格的完美装束。

风格并不是通过购买一套别人为你选择的衣服实现的，而是依照自己的个性作出的选择。若想拥有自己的个人风格，首先，你要学会自己作决定，在购买时三思而后行。虽然你仍有可能会受到设计师的启发以及导购员的建议，但这并不意味着你要全盘接受或者全盘否定。记住，风格就是个性。

零售业的翻新改进

80 法国作家埃米尔·左拉（Emile Zola）在 1883 年出版了的一部名为《妇女乐园》(*The Ladies' Paradise*)的小说，左拉声称这部小说是"书写现代生活的诗句"。在这部小说中，左拉讲述了巴黎百货公司的崛起，以及百货公司的成功经营对附近的小型服饰店所造成的灾难性影响。在小说中，左拉不厌其烦地反复出现大量的对商店诱惑性销售策略，比如广告、洒香水和亲身体验的描述。

十九世纪，百货公司的出现开创了现代零售业的先河。无论是随意看看还是花钱购买，这种逛百货商店的体验都满足了当时人们探索和尝试新事物的欲望。一个多世纪以后，这种商店在我们现在生活中所占的重要性有所减低。约翰·刘易斯（John Lewis）和诺德斯特龙（Nordstrom）这两家百货店仍然受到大家的喜爱，在很大程度上是因为他们的员工十分博学，见多识广。今天，各品牌的旗舰店将零售业发展到了一个新的水平。路易·威登（Louis Vuitton）在伦敦的邦德街开设分店、普拉达（Prada）旗舰店进驻东京、"像个男孩"（Comme des Garcons）概念店在北京盛大开业，这些就是二十一世纪的人们对左拉写到的问题所给出的答案。

国际奢侈品巨头走在开拓新型、创新型零售业体验的最前沿。在多层式的商店之中，建筑设计师将室内设计、艺术装置、现场表演、多媒体展示以及品牌工作室有序搭配，搭配之中就放着衣服、香水、美容品、珠宝首饰、箱包和其他配饰。以伦敦摄政街的巴宝利（Burberry）旗舰店为例。该商店中设有人机交互式的镜子，这些镜子可以自动变身为视频屏幕，如果你刚刚试穿了一套服装，那么这面镜子将播放这套衣服的T台走秀影片（将射频芯片装到衣服上从而达到这种魔法式的效果）。在这里，全天都可以享受到"精心设计的视听盛宴"，灯光和屏幕随着时装电影的播放时明时灭，呈现出虚实结合的空间。结算更会让你觉得易如反掌，就像你在浏览苹果商店（Apple Store）支付下载软件一样。总之，零售业商店正在酝酿着下一次的发展演变。谁又能预测到十几年之后我们"诗意的现代生活"又会变成什么样子呢？

衣服语言

81 若想掌握足够的词汇并精通语法和句法,需要花费时间学习,同样,若想掌握服装的语言,也要花费时间。小的时候你有没有嫌弃和讨厌父母给你挑选的服装?这些经历都是你学习过程中的一部分,通过这些经历你开始本能地知道,有些服装需要在特定的时间、以特定的顺序搭配特定的体形进行穿着。

我们创立了一门服装语言,尝试穿一件新的衣服,就好像尝试说出一个新的词汇。

但是我们如何表达呢?我猜想,如果心理治疗师亚当·菲利普斯(Adam Phillips)理解得当,他的解释应该最为精妙,他说:"我们永远无法使用的词语可能就会像我们永远无法穿着的衣服一样。"

选择，光荣的选择

82 因为有了太多的选择，所以所有的选择都面临着同等的机会。正如哲学家阿尔博特·加缪（Albert Camus）所问到的："我该自杀还是喝杯咖啡？"这句话是我的最爱之一，因为它反映了人们在面临选择时已经变得习以为常的态度。选择已经渗透到了我们的生活之中，就算是简单地买一条牛仔裤、一件T恤，甚至是一双袜子都会让我们变得不知所措。我们中有些人的衣着如此糟糕是不是就是因为有太多的选择？好像我们的选择越多，衣服的表现能力就越低。也许，众多的选择正在缓慢地摧毁我们对服装风格的追求。

正如美国心理学家巴里·施瓦茨（Barry Schwartz）描述的那样："选择具有明确且强大的工具价值；它能让人们得到他们生活中需要和想要的东西……选择能够让每个人在他或她的财力范围内追求他或她最偏爱的一些事物。"资本主义为人们提供了选择更多商品和服务的机会。我们对选择的偏爱推动着全球经济的发展。

在世界各地，人们已经创造出了很多创新的方法来满足我们对选择的痴迷。那么，我们现在是否可以同样创造性地找出解决办法，从而应对因选择而带来的后果呢？

皮革

83 进入二十一世纪，人类已无需再穿着动物毛皮。现在的纺织纤维制品也能起到很好的保暖效果；即使是鞋子，新型材料也能很好地保护我们的双脚。但是，皮革以其质量、触感和制作方面的灵活性仍然让我们爱不释手。大多数人的衣柜中都会有一件必不可少的皮革制品，可能是连衣裙或者是无所不在的机车夹克。

几千年以来，人类一直将兽皮制作成皮革，现代社会我们仍然有很多人在穿着皮革。人们普遍认为，穿皮革比穿皮草更能为道德观念所接受。与大多数伦理问题一样，与皮革相关的伦理问题的答案永远都不会直截了当。皮革加工业宣称，皮革是肉类行业产出的环保型副产品。饲养牛、绵羊和山羊是为了获得它们的肉，如果不是皮革行业，那么这些动物的奶或毛就会被当作废品。但事实上，只有百分之二十到百分之三十的兽皮制作成了皮革，其余的部分基本都被扔掉了。在皮革复杂的制造过程中，首先需要对兽皮进行生物、化学和机械处理，例如盐处理和硫化物处理，处理完毕后，会遗留下很多受到污染的污水，这些污水中含有不可用的兽皮、肉和其他固体废物，以及含量相当高的有毒化学元素，这些污水必须被迅速科学地收集和处理掉。

许多国家现在都会对皮革加工业施加压力，让生产企业减少对环境的影响。新的工艺和技术可以降低污水中有害污染物的含量，并改进兽皮处理技术和污水处理方法，但这些措施仍属于污染物处理的初级阶段。作为皮革制品的消费者,我们也要尽我们的一己之力,要求服装公司改进他们的制造工艺。因为他们所产生的废弃物就是我们所产生的废弃物。

归属(物)意识

84 从 2005 年起，中国摄影师黄庆军和马宏杰开始合作拍摄一系列记录中国人家庭财产的影像作品——《家当》。虽然黄庆军和马宏杰分工合作，两人分别负责中国北部和南部的拍摄工作，但他们的照片拥有一致的静态画面。每个被拍摄的个人或全部家庭成员站在其住处的外面，将所有的家当在房子前一字铺开，每张照片都恰当地捕捉到了照片中的人对其财产所依属的情感。家当的主人可能是拥有卫星电视的游牧家庭，也可能是只拥有一些谋生小工具的单身男人，这些照片都非常深刻地给出了"不同的人对'什么才是最重要'以及'为何拥有那样的生活方式和消费方式'"的答案。在此拍摄项目中，衣服也是家当的一部分，但衣服并不是重点。

如果让你从你的衣柜中将你的衣服和配饰全部取出，然后在你的身边一字排开，你认为这一画面能揭示出什么含义？如果必须将你的衣服分成两堆，一堆是你常穿的，一堆是你几乎不怎么穿的，那么哪堆会比较大？如果后者比较大，那么面对这些不需要的、不必要的衣服，你是否会觉得不安？还是你会将它们视为你的荣誉徽章（象征着你的可支配收入水平）？如果只让你挑出那些你喜欢的衣服并堆成一堆（这些衣服能够唤起你的回忆，尽管它们已经不再合身或者已经开始坏掉），那又会是怎样的情景？

如果真的有摄影师将这一刻拍摄成像，那么再想象一下，世界会如何解读你的这张画像？看见你独自站在你的衣服堆中，人们会得出怎样的结论？你自己会对这张自画像作何回应？思考一下你所购买的东西吧，生活的确很深刻。

产业发展

85 几个世纪以来,最新技术的发展、大众媒体的民主化以及劳工权益不断得到保障,这些进步促成了时装产业的转型。缝纫机、百货商店、成衣系列、时装模特行业和精美的时装杂志,就是其中的例证。时装已经从为社会精英而设计和创立的手工工艺,向大规模生产为基础的、以大众消费能力和最新技术为主导的全球产业转移。

商场的逆袭

86 谁会最终胜出?是 Net-A-Porter.com,还是萨克斯第五大道精品百货公司?是 Asos.com,还是 TopShop?许多人认为答案只有一个,那就是数字平台必然会胜出。但现实却是,这并非是一场非此即彼的零和博弈(即一方的收益必然意味着另一方的损失)。在线零售商有意向实体企业扩张,而实体企业也正在开发在线零售网站。这并不是一个"二选一"的问题,而是两种方法都行得通的问题。

《经济学家》杂志在 2013 年 7 月发表的一篇文章《商场的逆袭》(*The Emporium Strikes Back*)中强调,实体店的利润仍然高于网上零售店的利润。所以,在线零售商一定会进军实体店。

不同的零售商一直在讨论实体店的发展前景,其中一个是将商店作为服装展厅,另一个就是将商店作为试衣间:在线订购衣服,然后在商店试穿,如果不合适,可以当场退回。我认为将商店重新想象成一种身临其境的体验或冒险,这样能让它具有更加明确的目的性。

事实：衣服的价值

87 告诉你一个关于衣服"价值"的数据，如果以平均每个英国家庭所拥有的衣服数量为说明单位的话，那么在生产这些衣服的过程中所产生的碳排放量相当于驾驶一辆一般轿车行驶 6000 英里所产生的碳排放量，外加消耗掉 1000 个浴缸所能容纳的水。

但是，据调查每个英国家庭大概都有 30% 衣服很少穿着，或者从来没有被人穿着。一项针对南北半球十五个国家、总数 15000 人所做的调查发现，"水资源短缺"和"水污染"排在所有环境问题的前两位。我们需要尽早思考一下我们所珍视的资源与我们所穿的衣服之间的关系了。

卡布奇诺效应

88 在谈到优秀设计的重要性时,我的一个同事常常引用"卡布奇诺效应"。为什么人们愿意支付两倍、三倍甚至是四倍于廉价速溶咖啡的价钱来买一杯卡布奇诺呢?我的同事解释说,这主要归因于可以叫做"卡布奇诺效应"(cappuccino effect)的设计思维。

我们愿意花更贵的价格买一杯卡布奇诺,是因为可以获得卡布奇诺带来的所有享受:咖啡豆的产地和质量、精致的浓缩咖啡机、时尚的杯碟,甚至有时候你还会获得免费赠送的一块小饼干。咖啡师的天分和服务员的关怀也是促成人们选择卡布奇诺的无形因素。

产品是如何以及以何种形式让我们常常认为,做出购买产品的决心与产品本身是一样重要的呢?苹果公司对其包装和产品的精雕细琢让苹果手机(iPhone)成为了一个几乎人人必备的工具。设计思维赋予产品优势,它让某些品牌、商店和服装成为时尚,并将平凡与不凡区分开来。它解释了为什么一件基本款的T恤可以摇身一变,成为一个拥有品牌售价的时装。

许多国家热衷于通过设计思维来推动和维持经济增长。创办和支持国家艺术设计院校和课程是一个良好的开端。利用设计思维,可以将一个国家从一个制造业中心转变成一个设计和制造业中心,并将产品出口到世界各地。

非洲风情

89 非洲拥有多种多样的民族服装,有些服装将传统的图案、颜色和纺织品与非洲大陆殖民化过程中引入的欧洲服装结合起来。这些极为迥异的美学和文化整合赋予了非洲独一无二的着装风格。

例如,纳米比亚赫雷罗族(Herero)的成员穿着经过精美裁剪和裁制的裙子、裤子和衬衫,类似于欧洲传教士和德国殖民统治时期后来的定居者所穿的具有维多利亚时代后期风格的服装。赫雷罗族将经典的裁剪与丰富多彩的面料搭配穿着,让两个几乎对立的审美张力形成了一个惊人的组合。

在纳米比亚以北,刚果共和国首都布拉柴维尔(Brazzaville)的巴刚果区,当地的时尚潮人们[①],筹办了一个名为"优雅人促进会"的组织,努力地重新恢复对西方服饰的喜爱以及对西方绅士优雅行为的追捧。当地的时尚爱好者们花光所有积蓄,制作三件套西装并佩戴精心挑选的领结和软呢帽。据说,他们的浮华装束是为了反对总统莫布杜(Mobutu Sese Seko)禁止国人学习和热衷西方文化而采取的抗议行为。

---

① 当地人称这些人为"Sapeurs"。Sapeurs这个词汇来源于法国的俚语,意思是"衣服"。

如雕塑一般的时装

90 如今,时装的雕塑潜力往往被忽视,取而代之的是围绕人体体形曲线进行的紧身设计。尽管紧身时装获得了成功,但像川久保玲、山本耀司、亚历山大·麦昆、侯赛因·卡拉扬(Hussein Chalayan)、布狄卡(Boudicca),这样的设计师才真正体现了时装的结构性,他们的设计让时装的雕塑潜力得以发挥,让材质质量清晰可辨,并且与人体形态形成良好的互补。

太贵是多贵？

91 一辆布加迪威龙（Bugatti Veyron）跑车售价 260 万美元，一块路易莫奈特（Louis Moinet Meteoris）手表价值 460 万美元，摩纳哥的一套顶层公寓售价为二亿八千万美元，伦敦市中心的一个停车位价值 48 万美元。如果你知道了这些价格，那么你就可以理解，对世界上最富有的人来说，购买一个价值 36000 美元的名牌手袋或者一件价值 5 万美元的高级礼服没有什么不合理的。

有些物品虽然价格昂贵，但确实物有所值。爱马仕（Hermès）要花费五到七年时间才能培养出称职的制作皮革手袋的工匠。价格的高低确实可以反映出生产商投资的大小。可是，最近售价为 138 万美元的迈巴赫 Landaulet 型号豪华轿车所使用的一些技术，在价格较低的日产 March 型号和福特 Focus 型号轿车中也会有所体现。同样，时装奢侈品牌率先推出的技术和工艺最终也会融入到大众时装产业链中。一般来说，在计算奢侈商品成本时，都会把技术开发的投资计算在内。如果按照百分比来计算，时装产业的利润与其他产品所产生的利润比例大体相近。

近几年来，时装商品的价格不断上涨，我越来越想知道，价格到底可以飙升到多高，是否有上限？太贵是多贵？

垃圾问题

92 我们所产生的垃圾数量与我们的消耗数量是否对应?
我们衣柜中的那些垃圾是否说明了我们消费时犹豫不决的态度?
或者,是否是因为我们在购物时很不用心,所以才会做出错误的选择?

人才的摇篮

93 伦敦常常被称为是最能有效培养新型时尚人才的城市。这是为什么呢?有人说,伦敦的时装生态是独一无二而且朝气蓬勃的,但巴黎、纽约、香港和东京又何尝不是呢?况且,这只是表象。究其原因,我觉得伦敦首先她是一个创意中心,拥有一个既定的、受人尊敬的艺术院校网络,能够每年培训和培养大量的文化创意产业人才;其次,伦敦的包容性非常强,她会因文化的叛逆性而受益,这种叛逆性能够让年轻的人才抗拒现状,从而进行冒险和思考,并提出新的假设。

最重要的是,所有这些创造力和创业精神都需要外部基础环境的支持。让年轻的时装人才在优胜劣汰的游戏中马上决一胜负,这有些揠苗助长。相反,在每个阶段对这些年轻的人才进行细心认真的培养,这样才会确保这些人才的成长与壮大。这一点是伦敦最与众不同的地方。

当伦敦时装专业的毕业生开启自己的职业生涯时,他们可以利用各种外部环境给予他们的帮助快速发展。伦敦时装企业中心(Center for Fashion Enterprise)为年轻的设计师提供了经济适用的工作室空间,以及生产制造和商业投资等方面的建议,并帮助他们让他们的系列作品登上伦敦时装周的展台。自1993年以来,英国时装协会(British Fashion Council)的"NEWGEN计划"已经授予了年轻设计师们数目可观的奖金。接受过"NEWGEN计划"奖金的名单就像是一份英国时装最佳设计师的花名册,亚历山大·麦昆、布狄卡、马修·威廉姆森(Matthew Williamson)、克里斯托弗·凯恩(Christopher Kane)、埃德姆(Erdem)和玛丽·卡特兰佐(Mary katrantzon)等现在最著名的设计师都是当年的奖金获得者。一年一度颁发的"时尚边缘奖"(Fashion Fring Award)由科林·麦克道尔与IMG于2003年创立,旨在通过为新锐设计师提供经济支持、商业指导以及在伦敦时装周上的展示机会来促进时装的原创性和创新性。另外,还有"Fashion East"和"Vauxhall Fashion Scout"等其他帮助时装人才发展的奖项。在伦敦,各种不同的组织共同合作,就这样使伦敦成为了培养创新型人才的温床。

手套

94 关于手套在历史上的服饰礼仪,可能很多现代人都已经不知道了。从一开始,手套就不只是一个保护双手的必需品。手套被赋予了很多社会功能,比如在解决合同争议或战争争端方面就具有一些特定意义:近八百年以来,英国法律一直都把捡起扔在地上手套的行为视为接受决斗的表示。在教会中,仪式性手套是等级的象征,只有主教、红衣主教和教皇才有资格佩戴。

手套是一个非常珍贵且昂贵的礼物,尤其是那些饰有很多宝石和刺绣的手套。女王伊丽莎白一世(Elizabeth I)有二千双手套,而且还有一名专门的女服装保管员进行看管。直至十九世纪,上流社会的欧洲人士还一直佩戴手套。如果一位女士在公共场合脱下手套,人们会认为这样很不得体。二十世纪50年代,生活优裕的女士外出还会戴上手套。

几个世纪以来,手套都是不可缺少的配饰。现在,我们只会在寒冷的天气或出于其他实用的原因才会佩戴手套。这期间发生了什么?公平地说,集中供暖、汽车和其他发明取代了手套的功能,但是曾经我们生活中不可或缺的一件物品现在却如此跟不上潮流,这一现象很发人深省。

弗里达·卡罗：时尚偶像

95 如果有人问我，谁是我最喜欢的时尚偶像，我首先会想到一些时尚界的传奇人物，戴安娜·弗里兰、香奈儿等等，也可能是女演员蒂尔达·斯文顿或者科洛·塞维尼（Chloe Sevigny），最后在我脑海中会浮现墨西哥艺术家弗里达·卡罗（Frida Kahlo）的身影。弗里达·卡罗，她就是我的时尚偶像。

想过那么多人物，你会问，为什么最后会定格在弗里达·卡罗？我觉得，在某种程度上，可能是因为她充满活力和永不妥协的形象，以及她的政治决心和强烈的自我意识。她的这些品质成了我源源不断的灵感来源，并鼓励我毕生致力于女权主义运动。卡罗早年所经历的身体创伤塑造了她。在遭遇到一场几乎致命的车祸之前，她没有想要成为一名艺术家；在意外事故之后，卡罗发现艺术可以分散她的痛苦。

弗里达·卡罗的绘画有一种我认为其他艺术家无法实现的强烈而灼热的感觉。对我来说，卡罗还拥有独特的时尚感，非比寻常而且很有感染力。无论是在绘画中还是在生活中，卡罗都能将服装、首饰和着装礼仪作为她意象的一部分。她的着装方式不仅反映出了时尚与自我之间的联系，也反映出了服装与周围世界的联系。弗里达·卡罗梳传统的辫子，服装裁剪借鉴墨西哥早期服装的样式，她用紧身胸衣来对抗她身体上的痛苦，这些行为都显示了她内心力量的强大。凭借着她的个人风格,弗里达·卡罗的艺术感染力超越了艺术,并感染了许多像我一样的人。

追求时装的永恒

96 琼·克朗（Joan Kron）在她 1976 年评论戴安娜·弗里兰在纽约大都会艺术博物馆服装学院举办的"美国女性的风格"（American Women of Style）展览时写道："博物馆不仅能够存储时装的永恒，还可以成为激发灵感的跳板。"弗里兰是一位拥有巨大影响力的时尚编辑，先后任职于《时尚芭莎》和《服饰与美容》，并于 1971 年成为纽约大都会博物馆服装学院的顾问。在服装学院任职期间，她首创的博物馆时装展成为了现在全球性的展览活动。她的这一创意可能是她漫长而多样的职业生涯中留给我们的最伟大的遗赠。弗里兰认为，时尚不仅仅是服装而已，因此她觉得她的个人使命应该是，通过展览方式不断向参观者传递"手工艺品和服装仅仅是设计师设计以及其他更复杂和更广泛的思想活动的载体表现"这一观念。

随着时尚作为一种产业和一种生活方式的重要性的不断增强，热门时装展览也越发流行。这种展览每年吸引了大量参观者前往博物馆，而且似乎每个文化机构都很热衷举办年度"时装展览"。大部分的展览往往注重表现一个单独的设计师或时装品牌商，例如安德鲁·博尔顿（Andrew Bolton）在纽约大都会艺术博物馆举办的"亚历山大·麦昆——野性之美"（*Savage Beauty*）展览；有些展览会聚焦历史上的某一时期，例如克莱尔·威尔考克斯（Claire Wilcox）在维多利亚和阿尔伯特博物馆举办的"时装的黄金时代"

(*The Golden Age of Couture*)展览;还有与时尚的理论和概念相关的展览,例如朱迪思·克拉克(Judith Clark)在伦敦布莱斯屋(Blythe House)举办的"女装词典"(*Dictionary of Dress*)展览。这些策展人都力图捕捉到服装的"美丽与力量"以及时尚背后的理论与观念。

时装展览也不是不存在争议。一些知识分子认为,对于神圣的博物馆殿堂来说,时尚太过轻浮,而且时装品牌商影响策展人的历史观以及向博物馆捐赠巨额展费的做法实在太过商业。弗里兰本人也曾因圣罗兰(Yves Saint Laurent)展览中的设计与其实际商店的设计太过相似而备受批评。

我认为,这样的批判其实并没有什么意义。因为,时装也是一门生意,所有设计师的动机都是向人们销售他们设计的服装,即使是在博物馆举办展览,其目的也是如此。

卡尔·拉格菲尔德与仿真皮草

97 为什么现在毛皮服装的销售如此火热？

在二十世纪80年代，反对皮草的呼声非常强烈。许多时装界人士认为从此以后皮草不可能再卷土重来了，况且人造皮草与真正的动物毛皮已经很难分辨。卡尔·拉格菲尔德（Karl Lagerfeld）在接受《时尚芭莎》采访时说："（皮草）材料华丽优美，样式新颖，但是之前并不是很完美……现在，技术如此发达，你很难辨别出皮草的真假。"安娜·温图尔则对反皮草的运动表示抵触，拒绝在《服饰与美容》杂志上刊登任何反皮草的内容。温图尔本人因此被冠以"PETA头号公敌"的称号。从当时的风潮来看，反皮草的行动势在必行。

二十世纪90年代，反皮草运动的代表人物纳奥米·坎贝尔（Naomi Campbell）与另外四个超级名模裸体出现在"我宁愿赤身裸体也不穿皮草"的标语之下，彼时，她还是一家皮草奢侈品牌丹尼斯·贝索（Dennis Basso）的代言模特。讽刺的是，从长远来看，人造皮草的普及让真皮草更能为人们所接受，而且人们可能更想拥有真皮草。复古风的再次兴起进一步将皮草问题复杂化，很多消费者认为穿着复古的皮草大衣比购买新的大衣更能为人们所接收。他们的理由不难理解：动物很久以前就已经死了，那么重复利用过去的衣物总比将它们扔掉要好得多。

皮草生产商资助的运动也产生了一定影响。2008年全球皮草销量达到了 130 亿美元，皮草行业的人士开始煞费苦心地展示他们的制作方法。他们声称他们的制作方法已经有所改善，而且皮草不会对环境造成污染。在中国和俄罗斯不断扩大的时装市场中，穿着皮草在文化上更能为人们所接受，皮草非常适用于他们所在地区的气候，这也就难怪皮草的需求量在当地呈上升趋势。

在斯堪的纳维亚半岛、格陵兰岛、俄罗斯和冰岛，皮草一直是一种实用且不可或缺的服装，皮草商一直在努力改善动物的生存状况以及处死动物的手段。他们向消费者保证，所有因供人类使用而被杀害的动物都拥有最好的生活条件，最终做成皮包、鞋子或提取分割肉的动物的生存条件和生命终期条件仅比用于制作服装而饲养的动物的条件略差。此外，与制作其他时装产品的人员相比，参与剥皮和处理皮毛工作的工人的工资更高。

畜牧业也是皮草争端中的一个重要问题。美国皮草委员会（Ameirican Fur Commission）说："若要制造三件人造皮草夹克，需要耗费一加仑的石油。那么，根据美国密歇根大学（Michigan University）的一项研究结果显示，制作一件由牧场饲养的动物毛皮制成的皮草外套，所耗费的能源是制作人造皮草外套的 20 倍。"皮草商们断然否定了这一结论，并指出"与人造皮草不同，动物的毛皮可以被生物降解，而且消费者会打理、珍视这些皮草衣物，并可传承下去，使皮草更加环保"。而动物保护者对此回应，称："在处理毛皮过程中所使用的防止皮毛腐烂的化学品，已经让皮毛无法被生物降解。"

虽然皮草确实能够激起人的原始情感，但皮草问题并不只是一个非黑即白的问题，也不是一个孤立的问题。如果我们要认真地探究皮草行业的道德问题，那么我们就需要坚持不懈地探究我们所购买的每件衣服的生产方式。无论是在水消耗、工人劳动条件、污染物，还是对待动物的方式方面，我们都要向时装产业施加压力，让他们对产品的来源和生产负责。

真实性

98 也许你在翻阅时尚杂志的时候,可能会觉得时尚是短暂、轻浮或者肤浅的,与我们现实的生活并不相关。但是,当你透过这些浮华的报道,你会发现有很多人在这一充满活力和创意的行业内,他们充满激情,不断开拓视野,极为专业地努力工作,这是他们取得成功的唯一途径。

鞋子

99 在语言中，鞋似乎比衣服的用法更广泛。从幼年时期开始，每当我受到兄弟姐妹、朋友或同学不公平的责备时，我的父母总是会告诉我"要站在别人的立场上（shoes）思考问题"。有时候和别人聊天，会谈及"某人的前任做得很成功（leave very big shoes）"，以此来说明前任所作的贡献的重要性。

每种鞋子的设计、制作和材料的选择都需要周全考量，鞋子的生产过程也比较复杂。伐木工、矿工、剪羊毛的工人和在农田里收割水稻的农民所穿的鞋子都不一样。如今的鞋子可以保护我们行走在任何地形之中，无论是海底之旅，还是登月之路，它们现在可以满足我们任何的需求。

制造业的机遇

100 多年来，廉价的劳动力和便宜的油价使亚洲成为全世界范围内的制造中心。但是在未来的十年间，这种情况将有所改变。随着技术工人工资和油价的持续上涨，亚洲制造业的优势对欧洲和美国的零售商来说将会逐渐丧失。如果将服装制造业转回到国内，整个产业链将会重新洗牌。飒拉（Zara）和H&M已经证明这一商业模式确实可行，在设计和销售之间实现了更快速的对接。这两家企业每隔六个星期就会进行一次存货周转，并且制造尽可能贴近市场需求的服装。

现在许多国家的政府都在重新评估生产和消费之间的关系，尽可能地拉近制造业与家庭的距离。如果能将设计教育、制造技能与金融投资进行更紧密的结合，这肯定是更加科学合理的开始。

后期反思

101 提到时尚,不妨让我们从威廉·莫里斯(William Morris)身上汲取灵感。威廉·莫里斯是英国十九世纪伟大的设计师和社会主义者,他有一句话说得恰到好处:"不要在你的家里留有任何你觉得无用或者你认为毫无美感的东西。"

致谢

我首先要感谢杰米·卡普林(Jamie Camplin),是她最早认为我有潜力写一本这样关于时尚问题的小书。

我也要对劳拉·波特(Laura Potter)表示感谢,没有波特我无法结识这么好的出版社和编辑。

我还要特别感谢丽贝卡·杜兰(Rebecca Doolan),她非常辛苦地帮我做了很多研究和引证工作。

当然,还有乔治亚·鲁斯林(Geogina Rusling),他让我有了充裕的写作时间,斯嘉丽·麦奎尔(Scarlett McGuire)也功不可没,她在写作方面给了我很多的指点。

我还要对劳拉·桑塔玛利亚(Laura Santamaria)表示感谢,她邀请我在《崇高》杂志(*Sublime magazine*)开辟专栏,并允许我使用专栏里的部分文章。

最后,我还要感谢汉娜·伍德(Hannah Wood)、安吉拉·兰伯特(Angela Lambert)和山本耀司(Yohji Yamamoto),他们都给了我很多写作创意;感谢尼古拉·比森(Nicola Bison)和罗伊斯·麦克妮(Lois McNay)在时尚、友谊和女权主义方面的分享,还有 T.G. 和雅各布(Jacob)对我的耐心、宽容、迁就和鼓励。

相关网站

www.britishfashioncouncil.co.uk
www.businessoffashion.com
www.dazeddigital.com
www.drapersonline.com
www.ecofashionworld.com
www.ecotextile.com

索引 | Index

Abercrombie & Fitch 阿伯克比龙与菲奇 014

Abraham & Thakore 亚伯拉罕和塔可 071

Accra, Ghana 加纳的阿克拉 007

Adidas 阿迪达斯 103

Africa 非洲 007/065/129

Alaia, Azzedine 阿瑟丁·阿拉亚 085

Aldo 奥尔多 103

All Walks Beyond the Catwalk "天桥众生"组织 101

America（同 United States）美国 015/022/027/044/061

American Fur Commission 美国皮草委员会 141

American Women of Style "美国女性的风格" 138

Another Magazine《另一本》018

antimony 锑 003

Apple stores 苹果商店 118

Apple 苹果 128
    IPhone 苹果手机 128

Armani, Giorgio 乔治·阿玛尼 002

Asia 亚洲 002/013

Asian Heritage Foundation 亚洲遗产基金会 070

Asos.com 126

Aurora, Manish 曼尼什·阿若拉 071

Avedon, Richard 理查德·艾维顿 025

Bain & Company 贝恩公司 031

Balenciaga, Cristobal 克里斯托尔·巴伦夏卡 099

Bangladesh 孟加拉国 013/021

Bardot, Brigitte 碧姬·芭铎 053

Barthes, Roland 罗兰·巴特 042

Bartlett, Djurda 多尔加·巴特利特 073

Basso, Dennis 丹尼斯·贝索 140

Baudelaire, Charles 波德莱尔 031

Beaton, Cecil 塞西尔·比顿 025

Beauvoir, Simone de 西蒙尼·波伏娃 010

Beckett, Samuel 塞缪尔·贝克特 112

Beijing, China 中国北京 106/117

Bell, Quentin 昆汀·贝尔 042

black 黑色 054/112

Blanchett, Cate 凯特·布兰切特 116

Blythe House 布莱斯屋 139

body image "想象的形体" 100

Bolshevik Revolution 布尔什维克革命 073

Bolton, Andrew 安德鲁·博尔顿 138

Bordoli, Ernest 欧内斯特·波多里 103

Bosideng 波司登 016

Botox 肉毒杆菌 012/081/101

Boudicca 布狄卡 130/134

Bourne, Debra 黛博拉·博尼 101

Bournemouth University 伯恩茅斯大学 049

bras 文胸 064

Brazzaville, Republic of Congo 刚果共和国首都布拉柴维尔 129

Britain（同 United Kingdom）英国 005/044/058/088/096/106/107

British Fashion Council 英国时装协会 133

Brummell, Beau 本·布鲁梅尔 030

Burberry 巴宝利 088/118

Business of Fashion website "时尚商业"网站 067/086

C&A 021

Cage, John 约翰·凯奇 010

Campbell, Naomi 纳奥米·坎贝尔 140

Camus, Albert 阿尔博特·加缪 120

cappuccino effect "卡布奇诺效应" 128

Cardin, Pierre 皮尔·卡丹 033

Centre for Fashion Enterprise 伦敦时装企业中心 133

Chalayan, Hussein 侯赛因·卡拉扬 130

Chanel, Coco 香奈儿 018/054/067/076/096/116/136

changing rooms 试衣间 083/126

charity shops 慈善商店 064

children 儿童 050

China 中国 012/015/027/041/123/141

choice 选择 120

Church Gibson, Pamela 帕梅拉·丘奇·吉布森 061

Cinderella《灰姑娘》005

Clark, Judith 朱迪思·克拉克 139

Clean Clothes Campaign "净化服装制造" 013

Comme des Garcons "像个男孩" 085/117

Converse 匡威 104

Cornell University 美国康奈尔大学 047

corsets 束身内衣 012

cosmetic surgery 整容 012/081

Cossacks 哥萨克族 090

Cotton Inc. 棉花公司 020

counterfeiting 山寨模仿 006/088

Courreges, Andre 安德烈·库雷热 033

Cradle to Grave Certified "从摇篮到坟墓" 104

craft 手工艺 008

crinolines 裙箍 012

Dali, Salvador 萨尔瓦多·达利 024

Damhorst, Mary Lynn 玛丽·琳·戴蒙豪斯特 093

de la Renta, Oscar 奥斯卡·德拉伦塔 089

death 死亡 054/115

Dell'Orefice, Carmen 卡门·戴尔·奥莉菲斯 024

Demeulemeester, Ann 安·迪穆拉米斯特 054

denim（同 jeans）蓝粗棉布、牛仔 020

Descartes, Rene 勒内·笛卡儿 094

Dhaka 孟加拉国首都达卡 013

The Dictionary of Dress "女装词典" 139

dieting 节食 012

Dior, Christian 迪奥 002/018/067

discount 折扣 088

Dolce & Gabbana 杜嘉班纳 002

Dore, Garance《嘉兰斯多尔》063

Dubai, United Arab Emirates 迪拜 018/106

Duchamp, Marcel 马塞尔·杜尚 056

Dupont 杜邦 066

Economist, The《经济学家》007/126

ecosystem 生态系统 034

Egypt 埃及 044

Elizabeth I 伊丽莎白一世 135

Elves and the Shoemaker, The《小精灵和鞋匠》005

Emperor's New Clothes, The《皇帝的新装》005/056

Enlightenment 启蒙运动 030

Ermenegildo Zegna 杰尼亚 007

Ethical Trading Initiative 道德贸易 105

Etsy.com "Etsy"网站 079

Fair Trade 公平贸易 105

Family stuff《家当》123

farthingales 鲸鱼骨做成的衬裙裙箍 012

Fashion Fringe award "时尚边缘奖" 134

Fashion Beyond Borders "时尚无国界" 070

Fashion Institute of Technology 时装技术研究所 040

feminism 女权主义 073/100/136

Festival des Metiers 工艺技术大展 077

foot binding 裹脚 012
France 法国 001/044
Franklin, Caryn 卡琳·富兰克林 101
fur 皮毛 089/121/140

Galliano, John 约翰·加利亚诺 085
GAP 盖璞 007/076
Ghana 加纳 007/079
Glenville, Tony 托尼·格伦维尔 002
Global Kids Fashion Week 伦敦全球童装展 050
Global Mamas 全球母亲联合会 079
globalization 全球化 039
gloves 手套 135
Golden Age of Couture, The 时装的黄金时代 139
Goths 哥特 038
Grant, Linda 琳达·甘特 094
Greenland 格陵兰岛 141
Gucci 古驰 021

H&M 021/067/145
Hadid, Zaha 扎哈·哈迪德 112
hair 头发 096
Hamnett, Katharine 凯瑟琳·哈姆尼特 053
handbags 手袋手包 131
Harper's Bazaar《时尚芭莎》018/106/138/140
Harrods 哈罗德百货 076
haute couture 高级时装 001
  Chambre Syndicale de la Haute Couture 法国高级时装协会 001
Hediprasetyo, Didit 迪迪特 002
Hepburn, Audrey 奥黛丽·赫本 055
Herero tribe 赫雷罗族 129
Hermès 爱马仕 077/131

Hinestroza, Juan 胡安·斯特罗扎 047
Hong Kong 香港 091/133
Horst, Horst p. 霍斯特·P. 霍斯特 025
Hourani, Rad 理查蔡 002
Huang Quingjun 黄庆军 123
Hugo Boss 雨果·波士 091

Iceland 冰岛 141
India 印度 041/044/070
Industrial Revolution 工业革命 080
International Federation for Fashion Technology Institutes 时尚技术学院国际联合会 070
International Herald Tribune《国际先驱论坛报》007
International Labor Rights Forum 国际劳动力人权论坛 013
Inuit 因纽特人 079
Ireland 爱尔兰 005
Italy 意大利 027

J.Crew 091
Jaegur 耶格 106
Jaipur 斋浦尔 070
Japan 日本 113
jeans 牛仔裤 020/069/120
Jimmy Choo 周仰杰 103
John Lewis 约翰·刘易斯百货公司 117

Kahlo, Frida 弗里达·卡罗 010/136
Kaiser, Susan B. 苏珊·恺撒 093
Kane, Christopher 克里斯托弗·凯恩 134
Karan, Donna 唐纳·卡兰 054
Katrantzou, Mary 玛丽·卡特兰佐 134
Kawakubo, Rei 川久保玲 054/085/130

Kawamura, Yuniya 川村由仁夜 040

Kennedy, John F. 约翰·肯尼迪 052

Kenya 肯尼亚 007

Kiev, Ukraine 乌克兰基辅 041

Kingsley, Charles 查尔斯·金斯利 078

Knight, Nick 尼克·奈特 025/062

Kollontai, Alexandra 亚历山大·柯伦泰 073

Kristeva, Julia 朱莉娅·克莉斯蒂娃 010

Kron, Joan 琼·克朗 138

Kruger, Barbara 芭芭拉·克鲁格 094

Lagerfield, Karl 卡尔·拉格菲尔德 140

Lagos, Nigeria 尼日利亚拉各斯 007/041

leather 皮革 121/131

Lenin, Vladimir 列宁 073

Leopardi, Giacomo 贾科莫·莱奥帕尔迪 115

Lessing, Doris 多丽丝·莱辛 005

Levi's 李维斯 007/020/021

Li Wuwei 厉无畏 015

Little Red Riding Hood 《小红帽》005

London, England 英国伦敦 050/078/131/133

    Bond Street 邦德街 016/117

    Regent Street 摄政街 118

    Savile Row 萨维尔街 091

London College of Fashion 伦敦时装学院 001/009/072/098/110

London Fashion Week 伦敦时装周 133/134

Louis XIV 路易十四 057

Love 《爱》018

Luxury Conference 奢侈品大会 007

Lycra 莱卡 012/066

Ma Hongjie 马宏杰 123

Man Repeller, The《斥男》063

Marie Antoinette 玛丽亚·安托瓦内特 096

Marx, Karl 卡尔·马克思 095

Massenet, Natalie 纳塔莉·马斯奈 058/088

Matts, Paul 保罗·马特 081

McCartney, Stella 斯特拉·麦卡托尼 040/058/104

McDiarmid, David 戴维·麦克迪尔米德 075

McDowell, Colin 柯林·麦克道尔 005/134

McLuhan, Marshall 麦克卢汉 062

McQueen, Alexander 亚历山大·麦昆 085/107/130/134/138

Melbourne, Australia 澳大利亚墨尔本 106

menswear 男式服装 030

Metropolitan Museum of Art 大都会艺术博物馆 138

    Costume Institute 大都会艺术博物馆服装学院 138

Mexico 墨西哥 044

Michigan, University of 美国密歇根大学 141

Milan, Italy 意大利米兰 041

Miyake, Issey 三宅一生 018

Mobutu Sese Seko 莫布杜 129

Mods 摩斯文化 038

Morris, Willam 威廉·莫里斯 146

Mugler, Thierry 蒂埃里·穆勒 018

Mulberry 迈宝瑞 106

Mumbai, India 印度孟买 041

Namibia 纳米比亚 129

Net-a-Porter.com 089/126

New York 纽约 016/018/106/133/138

    Fifth Avenue 第五大道 016

NEWGEN scheme "NEWGEN" 计划 133

Newton, Helmu 哈姆莱特·牛顿 025

Nigeria 尼日利亚 007

Nike 耐克 007/103
Nordstrom 诺德斯特龙百货公司 117

O'Connor, Erin 艾琳·欧康娜 101
On Aura Tout Vu 昂哈图尤 002
Orbach, Susie 苏西·奥巴斯 100
Oscars 奥斯卡 069
Oxfam 乐施会 064

Paris 巴黎 001/015/018/041/067/079/106/107/117/133
Penn, Irving 欧文·佩恩 025
PETA 140
Phillps, Adam 亚当·菲利普斯 119
plastic bottles 塑料瓶 003
Polhemus, Ted 泰德·波尔希默斯 045
Prada 普拉达 006/103/117
Presley, Elis "猫王"埃尔维斯·普雷斯利 052
Primark 普里马克 014
Proctor & Gamble 宝洁公司 081
Proust, Marcel 马塞尔·普鲁斯特 005
Puma 彪马 104
Punks 朋克 038

Quant, Mary 玛莉官 018

Rabanne, Paco 帕高 033
Rampling, Charlotte 夏洛特·汉普林 116
Rawlings, John 约翰·罗林斯 025
ready-to-wear 成衣 085/125
recycling 循环利用 003/103
Rhys, Jean 简·里斯 005
Rio de Janeiro 里约热内卢 041/106

Rothko, Mark 马克·罗斯科 112
rubbish 垃圾 132
Russia 俄罗斯 002/141

Saatchi Gallery 萨奇美术馆 077
Saint Laurent, Yves 圣罗兰 018/054/139
Saks Fifth Avenue 萨克斯第五大道精品百货公司 126
Samoilov, Yassen 利维娅和亚琛
sandblasting 喷砂工艺 021
Savage Beauty 野性之美 138
Scandinavia 斯堪的纳维亚半岛 141
Schutkowski, Holger 霍尔格 049
Schwartz, Barry 巴里·施瓦茨 120
Senegal 塞内加尔 064
Sethi, Rajeev 拉杰夫·赛提 070
Sevigny, Chloe 科洛·塞维尼 136
Shanghai 上海 041
    International Fashion Forum 上海国际时尚论坛 060
Sheperdson, Jane 简·谢珀德森 058
shirts, white 白衬衫 069
shoes 鞋 144
    high-heels 高跟鞋 057
    platforms 松糕鞋 012/043
    stilettos 细高跟鞋 012/103
shopping 消费 036/094/132
    online 在线 062/083/088
SHOWstudio 影像工作室 062
silicosis 硅砂 021
SlutWalk "荡妇游行"运动 044
Smith, Patti 派蒂·史密斯 069
Society for the Advancement of People of Elegance 优雅人促进会 129
South Africa 南非 007/044/079

stilbenes 二苯乙烯 069

Stoianova, Livia & Yassen Samouilov 利维娅和亚琛 002

Stone, Sharon 莎朗·斯通 069

Swinton, Tilda 蒂尔达·斯文顿 116/136

Sydney 悉尼 041

TABEISA 技术和商业创新教育共同体 079

Textiles Nano technology Laboratory 纺织材料纳米实验室 047

Thailand 泰国 091

Tokyo 东京 018/117/113

TopMan 091

Top Shop 079/106/126

Toronto, Canada 加拿大多伦多 044

T-shirts T 恤 046/050/052/120/128

Twain, Mark 马克·吐温 049

Uniforms 制服 037

Versace 范思哲 021

Victoria and Albert Museum 维多利亚和阿尔伯特博物馆 138

vintage clothing 复古服装 022/140

Vogue《服饰与美容》018/024/106/138/140

Vreeland, Diana 戴安娜·弗里兰 116/136/138

Vuitton, Louis 路易·威登 088/117

Wenders, Wim 维姆·文德斯 113

Wilcox, Claire 克莱尔·威尔考克斯 138

Williamson, Matthew 马修·威廉姆森 134

Wilson, E.O. 威尔森 037

Windsor, Duchess of 温莎公爵夫人 116

Wintour, Anna 安娜·温图尔 058/140

Women's Wear Daily《女装日报》085

Wool, Virginia 弗吉尼亚·伍芙 005
World Wildlife Fund 世界野生动物基金会 076

Xu, Laurence 劳伦斯许 002

Yamamoto, Yohji 山本耀司 054/062/112/130

Zara 飒拉 006/007/145
zip 拉链 066
Zola, Emile 埃米尔·左拉 117

参考书目

Barnard, Malcolm, *Fashion as Communication*, London, 2002

Barthes, Roland, *The Fashion System*, tr.Matthew Ward and Richard Howard, Berkeley, [1968]1983

——.*The Language of Fashion*, Andy Stafford (tr.) and Michael Carter, eds., Oxford and New York, 2006

Bartlett, Djurdja, Fashion East:*The Spectre that Haunted Socialism*, Cambridge, Mass, 2010

Black, Sandy, *The Sustainable Fashion Handbook*, London and New York, 2012

Brand, Jan, and José Teunissen, eds., *Global Fashion, Local Tradition: On the Globalisation of Fashion*, London, 2005

British Fashion Council, *Value of the UK Fashion Industry Report*, London, 2010

Buckley, Cheryl, and Hilary Fawcett, *Fashioning the Feminine: Representation and Women's Fashion from the Fin de Siècle to the Present*, London, 2001

Byrne Paquet, Laura, *The Urge to Splurge:A Social History of Shopping*, Toronto, 2003

Church Gibson, Pamela, *Fashion and Celebrity Culture*, Oxford and New York, 2011

Clark, Judith, and Adam Phillips, *The Concise Dictionary of Dress*, Lodon, 2010

Clarke, Louise, ed., *The Measure*, London, 2008

Damhorst, Mary Lynn, and Susan B.Kaiser, eds., *Critical Linkages in Textiles and Clothing Subject Matter*, Knoxville, 1991

Davis, Fred, Fashion, *Culture and Identity*, Chicago, 1994

Department for Environment, Food & Rural Affairs, *Sustainable Clothing Action Plan*, London, 2011

Entwistle, Joanne, *The Fashioned Body:Fashion, Dress and Modern Social Theory*, London, 2000

Fletcher, Kate, and Lynda Grose, *Fashion & Sustainability:Design for Change*, London, 2012

Geczy, Adam, and Vicki Karaminas, *Fashion and Art*, Oxford, 2012

Grant, Linda, *The Thoughtful Dresser*, London, 2009

Institute for Manufacturing, University of Cambridge, *Well Dressed ? The Present and Future Sustainability of Clothing and Textiles in the United Kingdom*, Cambridge, 2006

Kawamura, Yuniya, *Fashion-ology*, Oxford and New York, 2005

Laver, James, *Costume and Fashion: A Concise History*, 5th edition, London, 2002

McDowell, Colin, *Literary Companion to Fashion*, London, 1995

Morganroth Gullette, Margaret, *Aged by Culture*, Chicago, 2004

Pickett, Kate, and Richard Wilkinson, *The Spirit Level: Why Greater Equality Makes Societies Stronger*, London, 2009

Schor, Juliet, *The Overspent American: Upscaling, Downshifting and the New Consumer*, New York and London, 1999

Schwartz, Barry, *The Paradox of Choice: Why More is Less*, New York and London, 2004

Walter, Natasha, *Living Dolls: The Return of Sexism*, London, 2010

Word Wildlife Fund, *Deeper Luxury Report*, London, 2007

—— *Living Planet Report*, London 2012

时尚是自我表达最直接最亲密的形式。时尚的发展快过任何其他事情，涉及我们生活的方方面面。我们所穿的服装每天都在鲜活地演绎我们每个人的故事。没有谁能比康纳更好地让我们了解这个令人眼花缭乱的时尚世界了。作为伦敦时装学院的校长，康纳一直是这个快速扩张、日益全球化产业中的顶尖专家。她在书中的101个思考梳理了技术与手工、永恒风格与快时尚、私人定制与大众市场、消费与可持续发展、冰冷的商业数字与充满创意的表达等复杂而又矛盾的问题。从Karl Lagerfeld到拥有高新技术的皮草，从一件简单的白衬衫到价值一万亿美元的生意，每个问题的思考都为我们开启了了解时尚的新窗口。

弗朗西斯·康纳，全球顶尖时尚教育机构——伦敦时装学院的院长，自2005年一直担任该职务至今，同时兼任英国时尚咨询委员会和国际时装技术学院基金会执行委员会委员职务。康纳毕业于牛津大学，获得哲学博士学位。她在艺术、设计、教育领域著作颇丰，许多顶级时尚品牌企业都向其请教时尚发展趋势等问题。作为世界时尚金字塔尖的人物以及山本耀司等大师的挚友，康纳比任何人更适合带领读者进入这个神秘的时尚世界。

图书在版编目（CIP）数据

路易十四、山本耀司和38美元的月工资：101个时尚之义/（英）康纳著；姜海涛译.-上海：上海文艺出版社.2016.5
ISBN 978-7-5321-6036-5
Ⅰ.①路… Ⅱ.①康…②姜… Ⅲ.①消费生活-通俗读物 Ⅳ.①C913.3-49
中国版本图书馆CIP数据核字（2016）第091365号

Published by arrangement with Thames and Hudson Ltd, London
Why Fashion Matters © 2014 Frances Corner
Designed by Material Organisation
Photo: Hill&Aubrey
This edition first published in China in 2016 by Shanghai Literature & Arts Publishing House
Chinese edition © 2016 Shanghai Literature & Arts Publishing House

著作权合同登记图字：09-2015-054

责任编辑：毛静彦
装帧设计：刘晓灿

路易十四、山本耀司和38美元的月工资
——101个时尚之义
〔英〕 康 纳 著
姜海涛 译
上海世纪出版集团
上海文艺出版社 出版
200020 上海绍兴路74号
上海世纪出版股份有限公司发行中心发行
200001 上海福建中路193号 www.ewen.co
苏州市越洋印刷有限公司印刷
开本700×970 1/18 印张91/3 插页5 字数93,000
2016年5月第1版 2016年5月第1次印刷
ISBN 978-7-5321-6036-5/J·66 定价：39.00元

告读者 如发现本书有质量问题请与印刷厂质量科联系
T：0512-68180628